社会人として学んでほしい

これが、取締役の「下座学《しもざがく》」

石塚正宏
Masahiro Ishizuka

はじめに

中間管理職の「下座学」の続編として、取締役の下座学を執筆しました。まず、その聞き慣れないことば、下座学についてお話しします。

会社にはその企業で定められた職位階級という自分が置かれる立場が存在します。その立場から聞こえてくる陰で飛び交う現場の声はというと、

「あのひとは、部長だから…、取締役だからとか…、社長だから…」

だからなんなの！　と言いたくても、言える立場でないのが、そう、そのひとが置かれた立場です。どの企業にもそのやっかいな職位というものが存在しますが、組織を形成する上で必要なもので上下関係、指揮命令系統がハッキリします。その置かれた関係の下の立場で学ぶのが、「下座学」です。

新卒で入社すると誰しも通る下座の道ですが、その地位でしか学ぶことができないことが

きっとあるはずです。しかし、その道を通らずに、気づいたら取締役なんていう同族会社によくある話は別として、一歩ずつ階段を上って、サラリーマンの最高位である経営を担う取締役になったとしても、代表取締役社長の下座の立場であることに間違いありません。

社会人となってからサラリーマン生活40年、自慢にはなりませんが、その間転職が五回です。現代のような便利な転職サイトなど存在せず、ひととの繋がり、付き合いを信じての転職でした。

思い起こせば、五つの企業を渡り歩き、どういう訳か転職はすべてその企業の社長とのお付き合いからで、その縁で正式な面接などなく、履歴書を持参したその日から入社でした。振り返ると管理職約30年、そのうち出向という立場ではありましたが、41歳の時に役付取締役を拝命し、経営再建を目指し約3年間奮闘したこともありました。

しかし、役員として、力不足のため出向先の企業を再生できず、数多くの失敗を経験しました。今思えば、その失敗という名の教師から多くを学んだのも確かなことです。

そんな不肖な自分のサラリーマン人生ではありましたが、その足跡から、順を追って社長像を考えてみると、最初は創業者が社長のオーナー会社。つぎは、創業者のご子息が受け継いだ同族（世襲）会社で、三番目は、世襲とは関係なくヘッドハンティングされた社長が運営する会社です。四番目は最初と同じく創業者が社長の会社。そして、最後は元国営企業で、その企業で育った生え抜き社長。つまり官の文化が主体（国が株式の三分の一を保有）で、その企業の歴史が物語るように政治力が伴う企業でした。

一般的に独断と強引ともいえる殿様タイプの創業社長、勝手な思いつきでものをいう二代目社長、そして、責任問題が発生すると、トップである権限と権力を盾に責任の所在をすり替えてしまう、時にはそんなタイプの社長がいる中でどう業務を遂行するのかは直下にいる取締役です。

本書は、これから取締役を目指す人たちや現役の取締役の方々など、会社の経営を担う人たちへ出会った本も紹介しながら、送るささやかなエールです。本書の一言、ものの考え方が一つでも参考になれば幸いです。

社会人として学んでほしい　これが、取締役の「下座学《しもざがく》」　目次

はじめに　——　1

第1話■知ってください　——取締役の大義を

視点を変えた立場の違い　——　12

経営理念・方針に基づく立場　12／法律（会社法）に基づく立場　19／大きな力をもつ立場　21

義務と責任とは　——　25

取締役が果たすべき義務　26／取締役の果たすべき責任　29／「イギリス海賊船」の掟　32／取締役の刑事罰　36

経営判断の原則　——　39

経営判断の原則を満たす三つの要件　40／取締役会の成すべきこと　41／会社法にない、意思決定基準「情と理」　44

第2話 ■ 覚えてください ―― 取締役の心構えを

参謀に徹する ―――― 52
トップの思いを知る 52／王道と覇道を知る 58／思考を知る 59
ひとを動かす ―――― 63
ひとは心で動く 64／ひとは熱意で動く 66
人間味を求める ―――― 68
ひとを惹きつける人間味 68／人情の機微に触れる 70／思い描く理想の経営陣 76
礼儀を弁える ―――― 79
「あいさつ」とは 79／「ありがとう」とは 81／礼を尽くす「酒の道」とは 83

第3話 ■ 理解してください ――会社の経営数値を

まずは財務三表の結びつき ―― 92
財務三表の特徴 92
損益計算書（P／L）の構造 ―― 95
P／Lの構造をシンプルに考える 95／
P／Lの費用分析を事業計画に活かす 99／
「営業利益」以外の四つの利益 103
貸借対照表（B／S）の構造 ―― 108
B／Sの構造をシンプルに考える 108／
B／Sを経営分析に活かす 110
キャッシュフロー計算書（C／S）の構造 ―― 116
C／Sの構造をシンプルに考える 116／
C／Sの分析から状況を把握 118

第4話 ■ 親しんでください ―― 経営者が学ぶ古典に

『言志四録』を読んで ―――――― 124

自分を知る ―― 自分自身と向き合う ―――――― 124

言志録2条 125／言志録4条 126／言志録20条 129／

言志録27条 131／言志録31条 132／言志録186条 133／

言志晩録6条 135／言志晩録13条 136

ひとを知る ―― 人間性を重んじる ―――――― 139

言志録9条 140／言志録12条 143／言志録30条 144／

言志録185条 146／言志後録13条 147

学ぶことを知る ―― 古典は知恵の泉 ―――――― 149

言志後録48条 150／言志後録59条 152／言志後録66条 155／

言志晩録60条 156／言志耋録283条 158

第5話■考えてください――会社の大切な組織を
歴史が語る組織を――166
生き残る組織 166／ひとを思いやる組織 169
現場が語る組織を――173
現場を考える 174／対話を考える 177
創造する組織を――185
ひとを活かす会議 186／ひとを育てる会議 188
おわりにかえて――198

第1話

知ってください

―取締役の大義を

取締役にも大義があるように、
特に創業者である代表取締役社長には、
自分が築き上げた内に秘めた大義があるのです。

世界初の株式会社が誕生したのは、1602年3月20日です。

当時、東インド地域で競争を繰り広げていたオランダの貿易会社14社が統合され、設立された連合東インド会社が株式会社の始まりです。しかし、小林剛著『賢い帝王学』（講談社）によると、株式会社は、中世から近世にかけてのヨーロッパの海賊が元祖だったのです。

ことの始まりは、まず一人の貴族が全額負担で海賊船を仕立て、船長を雇う。それは、うまくいけば利益を全部一人占めできますが、船が沈んだり、他の海賊にやられた場合には、損失も自分一人で背負うことにもなります。このリスクを分散するために、何人かのリスク負担者としての出資者を募ったのが、つまり株式会社です。

当時は、蒸気機関のない帆船《はんせん》時代のため、一度海に出ると、あとは風まかせ、波まかせで、計画どおりに寄港することは至難のわざ。そのため、一つの目安として、半年というタイムリミットを切り、これは、半年たっても帰ってこない時には、沈んだか、やられてしまったかのどちらかと思って諦めなさいということです。現在でも、株式会社のこの半年決算という形は、その名残《なごり》だったのです。

株式会社の元祖が海賊船となると、代表取締役社長の元祖は、海賊船の船長になるはずです。そして、取締役に相当するのは、操舵手《そうだしゅ》・甲板長・砲術長たちになるのでしょうか。そんな海賊船の歴史、特に〝カリブ海の海賊（パイレーツ・オブ・カリビアン）〟にも思いを馳せながら、第1話を進めます。

視点を変えた立場の違い　――立場を理解し、襟を正すこと

ひとは、肩書きでものをいうといわれますが、経営に大義があるように、その肩書きにも大義があるはず。その大義が、時にはものをいわせるのです。

オーナーとは、経営理念、年度の方針などを語る立場であって、それをどうやって遂行するかは、直下の下座にいる経営陣、つまり取締役です。

経営理念・方針に基づく立場

以前、岐阜県に本社を置く、ある企業のオーナーと食事を共にした時のことです。その企業は、岐阜を中心に事業を展開し、当時は全国で約600億円の売り上げを誇るアミューズメント業（主たる事業はパチンコ店運営）を営む企業です。そのオーナーは、管理職だろうと役付取締役であろうと、一声で解任する力の持ち主。そのオーナーが食事会で経営について

わたしの経営理念は、「会社とは、社員を幸せにするメソードである」

と、話し始めたのです。その時の会話の流れで、あえて質問はできませんでしたが、ぼくは〝メソード〟の意味を理解できず、その言葉をそっと箸置きにメモって自宅に持ち帰り調べたところ、辞書には、Method（メソード）とは、組織的方法とありました。となると、そのオーナーの経営理念は、「会社とは、社員を幸せにする組織的方法である」ということになります。しかし、後日その意味を尋ねると、メソードとは、〝道具だ〟。ただその一言でした。

そのオーナーは、威厳というか、威圧感も兼ね備えた人物であり、その経営理念とは、「会社とは、社員を幸せにする道具」なのです。それを当時会社概要に明記し、理念として堂々と語っておられました。オーナーは、一代でその企業を築き上げたのです。

驚くことにこの理念と同じ考えを持つ人物がいました。今から14年前ぐらいに出会った本『日本でいちばん大切にしたい会社』（あさ出版）の著者である坂本光司氏です。面識はありませんが、著書は大学教授でありながら、北は北海道から南は沖縄まで、さまざまな企業を訪問調査し、自分の足で歩き調べ上げ、優に6000社を超えたようです。そして、著書のなかでこう述べています。

企業経営は人・物・金だとか、人材・技術・情報だといいますが、こうした見方がそもそもの誤りです。私の経営学では「一に人財、二に人財、三に人財」で、あとは人間を幸せにするための道具にすぎないと考えています。「人・物・金」といいますが、物というのは設備や商品という名の道具です。お金だって、人間が経営活動するための道具にすぎません。

会社に与えられた使命と責任を果たすためには、まずは、会社は社員を幸せにする道具として考えるべきだということです。それは、経営資源となる最も大切な社員を思う考えがその根源にあり、社員とその家族の生活を保障し続けることが企業経営の大義（第一義）であって、その思いが会社の存続、発展に必ず繋がるはずです。

そして、もう一人紹介したいのは、五回目の転職で、元は国営企業である通信業界に入社した時のことです。雇用契約書にサインを終えた時、その社長は、満面の笑みを浮かべながら、ぼくにこう告げたのです。

これで、一生あなたの生活を保障しましたよ。

当社は、あと一世紀は大丈夫ですから…。

周りには、二名の役付取締役が同席していましたが、同様に微笑んでいたのを今でも思い出します。その言葉の意味の深さに後から気づかされたのですが、この社長が仰りたかったこと、それは、「会社とは、社員の生活を一生保障するものであり、継続させるものである」。この深い意味があったのです。不遜にもぼくが感じ得たものは、その社長は、礼節を重んじるひとであり、ひとの思い、痛みがわかる人物でした。多くを学ばせて頂いたのは確かです。

しかし、残念ながら入社した四年後、ある病から逝去したのです。敬愛するひとであり、その方が語った言葉、「社員の生活を一生保障する」意は、前述した理念、「社員を幸せにする道具」と同じく、これこそが、トップである経営者の大義なはずです。

代表取締役社長とは、経営理念、年度の方針などを語る立場であって、言い換えればそのトップに君臨する、それは会社の憲法のようなものです。それをどうやって遂行するかは、直下の立場にいる取締役です。遂行する実戦部隊となるのが、各事業の管理職を中心としたスタッフです。もちろん、年度の方針等を最終決定する前には、ボトムアップの提案もあるのも確かですが、特に役会で決定した事案については、その事案を遂行、または遂行させる立場にいるのが取締役なのです。

株式会社の歴史を振り返ってみても冒頭に紹介した海を舞台にした海賊の世界にも、その船の代表というべき船長の方針、経営理念がありました。海賊の世界史をのぞくと海賊の始まりは、紀元前5世紀ごろとされますが、海賊船の船長として方針、経営理念ともいえる考えを豪語し、記録されているのは、18世紀初頭に活躍したカリブ海の海賊、その黄金期に現れた最後の大海賊と称されるバーソロミュー・ロバーツ船長です。

彼（ロバーツ船長）は、戦術として海賊船であることを隠しポルトガル船、イギリス船、オランダ船をも拿捕し、カリブ海のみならず、西アフリカに向かい、合計４００隻もの船を捕獲した人物。まさに史実においては大海賊だったのです。まずはその考え、トップとしての経営理念を聞いてください。

「まっとうな船に乗り組んだら食い物は僅かで給料も安いうえに仕事はきつい。それにくらべてこの商売は腹いっぱい食えるし楽しみや安楽、自由と力がある。いちかばちかの仕事をしくじったところで、すこしばかり苦汁を飲む思いをすればすむことさ。どっちの稼業が得か勘定するまでもなかろう。楽しく短く生きるのが俺の主義さ」と言い放っていたという。

桃井治郎著『海賊の世界史』(中公新書)より

これが、海を舞台に自由に彷徨《さまよ》い、「我らが海」と謳歌した、264人の船員を率いた海賊船のトップ(船長)の理念だったのです。それを現代に置きかえると、

「我が社(船)は、高収入な仕事を選び、自由のもと我が力を発揮し、楽しみと安楽を求めて、たとえ短くても人生を謳歌しよう!」

多少強引かもしれませんが、そんな感じになるのでしょうか。その大海賊の結末はというと、我らが海で謳歌できたのは1719年から1722年の4年間です。イギリス海軍の軍艦からの砲弾の破片が甲板に立つロバーツ船長の喉を貫き、即死。その海賊船団にいた264人の船員は裁判を受けて、無理やり乗せられた船員は解放されましたが、残りの船員のうち54人は死刑判決を受けたのです。その54人には、現代の会社組織の取締役に相当する、

操舵手《そうだしゅ》、甲板長、砲術長、その他上級船員がきっと入っていたのではないでしょうか。彼らにとってその4年間は、その船長の経営理念に賛同し、「我らが海」で自由と安楽を追求し続けた男たちのロマンだったようにも思えてきます。

しかし、その理念とはまさに命がけです。トップの方針、考えというのは、時にはその船を失い、船員を路頭に迷わせ、更には命までも奪うものだったのです。

また、当時の海賊船には〝掟〟とよばれるものがありました。現代でいうと、就業規則のようなものになるはずですが、それは後ほどということで、話を現代に戻します。

ある企業の常務取締役の話です。実は、その企業の信頼を失くす話です。その企業は当時、100億円の売り上げを誇る企業でしたが、過去2年間赤字決算が続いており、3年目も赤字で、その決算をほぼ確定した時、その企業の社長が常務に話をした内容を、ぼくとの食事会で話し始めたのです。

実はさ、この前、社長に呼ばれて、言われたんだ……。今年も決算赤くなるようだけど、なんとか数字を変えることができないかって……。もちろん、それはできません！

て言ったけどな…。

そのことを話し出したのです。それが、その企業を代表する者の決算に対する考えだったのです。その常務が続けて話をしたことは、「粉飾だぞ！　そんなことしたら、俺の首も飛ぶぞ！…」と、気を落としながら語ったのを今でも覚えています。その常務は株主総会を終え、数カ月後に自ら船を降り、去って行きました。そして、その3年後ですが、その船は沈んだのです。

会社のトップの方針を遂行する立場にいる取締役ですが、明らかに間違った船をも沈めてしまうような判断に、取締役の立場にいるものは、トップを説得するか、もし説得する力がないならば、船を降りることになるはずです。

長年、大切に育てたスタッフがいるにもかかわらず、それが現実です。

法律（会社法）に基づく立場

会社法では、株式会社の場合に「社員」とは会社の構成員である株主のことをさし、つまり会社に対して出資をしているオーナーのことを意味しています。しかし本書でいう社員とは、あくまで一般的に意味する社員（従業員）を意味することで、話を進めます。

取締役という役職は、部長や課長などの管理職も含む、一般社員とはまず大きな違いがあります。それは会社との雇用形態の違いです。担当部門をマネージメントするのは管理職であり、その配下にいるのは一般の社員です。その管理職を含む社員は、あくまで会社と「雇用契約」を結んだ従業員です。しかし取締役とは、株主総会において選任された経営者であり、取締役会の構成員として、会社の経営にあたることを委任された者です。つまり、取締役と会社は、「委任契約」の関係であり、雇用契約は存在しないのです。取締役に就任した時点で、社員としては、その会社を退職した扱いになるのです。

では、委任契約とは、民法上、当事者の一方が法律行為をなすことを相手方に委託し、相手方がこれを承諾することによって成立する契約のことですが、端的にいえば会社（株主）から経営を委託され、これを承諾することによって成立する契約です。この委任契約と雇用契約の最も異なる点は、雇用契約では、社員は、労働法によって一定の権利が保障されて、一般的に合法的な理由がない限り、クビをきられることはないはずです。しかし、委任契約に基づく会社と取締役との関係は、労働法による保護は適用されず、株主総会や取締役会で解任動議が発動され、可決されてしまえば、その日で〝終わり〟です。

また、経営責任を問われるのも社員との大きな違いでもあります。取締役には、結果責任があります。管理職にも事業の失敗も含めて成果を出さなければ、降格、左遷がありますが、再挑戦する機会もきっと与えられるはず。しかし、取締役は解任されたら、もうその企業での信用はゼロです。ようするに、終わりです。しかも、解任されるだけならまだしも、株主代表訴訟により株主から損害賠償を請求されることもあるのも確かなことです。

もっと突き詰めれば、トップからお前はクビだといわれれば、その時から、職を失い無職となるのです。これが現実の世界です。取締役という立場を拝命したら、経営陣に名を連ねる責任の重さ、管理職との違いを十分認識しなければ、時には会社のために痛い目に遭う危険が伴う立場なのです。

大きな力をもつ立場

取締役とは、取締役会の一員として、会社の業務執行に関する意思決定に参加することができるのは当然ですが、管理職との決定的な違いというと、一般論として、運営・経営に関する権利・権限・権威・権力をもっています。この〝四つの権〟の明確な意味を広辞苑で引き、その意味を会社運営に当てはめてみると、

一　権利とは、あることをする、またはしないことができる能力のこと。それは、決断力・決定力です。

一　権限とは、法令の規定に基づくその職権のこと。それは会社の諸規定に基づく、職権力です。

一　権威とは、他人を強制し服従させる威力、それは強制力のこと。しかし、そのひとの人柄、信用が他人を動かすと考えると、それは、そのひとの人間味と説得力です。

一　権力とは、他人をおさえつけ支配する力のこと。それは、ひとを率いる統率力です。

この四つの権を行使できる資格を四権と言い表すなら、それだけの力が取締役にはあることになります。そして、オーナー会社や同族会社には、もう一つ、五つ目の権があるのです。それは、〝見えない権〟です。

見えない権とは、同族会社の親族だけが持ち得る権力、それは〝血縁力〟です。と、話を進めたいところですが、あちらこちらから聞こえてくるのは、「我々（取締役）には、見えない権どころか、一つの権も力もありません。全部もっているのは、トップ（社長）だけ…」。

仰るとおりだと思います。ぼくは自慢にはなりませんが、いくつもの企業を転職した身、それもすべてが代表取締役社長との縁での入社でした。その企業の文化ともいえる全権は、トップにあり、トップに立つものがすべて決めるのです。運営に関することも、経営に関することも、人事に関することもです。つまりこの大きな力も、オーナー会社、同族会社では、取締役にはほとんど無いに等しい、無力な立場です。

しかし、権利と権限は、オーナー会社でも、経営の根幹に関係する事案は別として、取締役には多少与えられるはずです。民間、官営、個人企業も含めてどんな企業においても、権威である「人を動かす熱意、説得力」と権力である「人を率いる統率力」だけは、自分の資質、あるいは経験を通して培い自分自身が創り上げたもの。周りから信頼と共に人間性が評価され、少なからず自分で得たものだと思います。その二つの〝力《ちから》〟は、スタッフがいたからこそできたもの。うわべだけのものなら、すぐ崩れてしまったはずです。一歩一歩前に進み、失敗も繰り返し、経験から積み上げた統率の力であって、ひとを説得する力です。与えられてすぐ使える力ではないと思います。そこには、築き上げたスタッフからの信頼があり、取締役に上ったプロセスがあるはずです。

話がちょっと横道に逸れるかもしれませんが、たとえ話で聞いてください。ぼくが20代の頃、オランダ（ロッテルダム市）の外資系企業で働いた時、ロッテルダム市近郊には、十数社の日本企業の支社（支店）がありました。その二人の支店長の話です。

ある貿易会社の支店長（30歳半ば）の自宅に招かれた時でした。

――、ぼくはねえ、高卒なんだ。ぼくの会社には、大卒が多くて、上（出世）に行くにはその派閥があってかなり厳しくてね。でもね、ぼくは、東京で一生懸命働いている高卒の仲間のためにも、がんばってここで業績をのばすんだ。高卒でもやれることを教えたいんだ。だから、ぼくはここに来たのさ。

ある鉄鋼会社の支店長（30歳後半）と食事をした時でした。

――、ところで、きみは、自分から進んで、自分の意思でここに来て働いているの。「はい」。いいね～、自分の意思でできたんだもの。わたしなんか、紙切れ一枚だよ。紙切れ一枚の辞令で、ここまで飛ばされて来たんだ。あと、2、3年はかたいな～。サラリーマンだから……。

日本を代表する企業の海外駐在の支店長の話です。若くして海外の支店長になる人といえば、やはり将来は、その企業の少なくても取締役候補にもなる人材が、選出、派遣されると思います。そして、成果を残し自分の地位を築き上げていくものだと、認識しています。前者の支店長には、道を作ろうとしている支店長の熱意があり、共に働いたスタッフがいたからこその言葉です。当然統率力と説得力がすでに備わっているように思えました。

それは、どんな企業に在籍しようともその地位、立場は同じではないでしょうか。あらゆる問題を正面から受け止めて、息子だからとか、娘婿だからとか、決まりきったことを言い訳にせずその会社の家族と共に働くという努力をすることも必要ではないでしょうか。

なぜなら、今まで自分を支えてくれた大切なスタッフがいるからです。

義務と責任とは ―― 法に基づく義務と責任

「会社法」という法律が日本で定められたのは、2005年に成立。2006年5月1日から施行されています。それ以前には、商法、商法特例法、有限会社法という法律に分散して規制されていました。2006年に施行された「会社法」は、それらの法律を一つにまとめ、変更・新設した法律です。そしてその後、改正が繰り返され、現在は2019年改正、施行は2021年3月1日が適用されています。

ぼくとしては、取締役の義務や責任などについて、40代の時に数冊手にし、にわか知識で商法、民法など多少知っていたつもりでした。しかし、今回、以前に学んだ著書、1993年発行の船井幸雄編著『取締役ノウハウ大事典』(日本実業出版社)及び、今回の会社法の改正に伴い出版された川井信之著『手にとるようにわかる 会社法 入門』(かんき出版)の二冊を参考にし、最低限覚えてほしいこと——義務と責任をまとめてお伝えします。

取締役が果たすべき義務

本来なら株式会社の経営は、会社の所有者である株主が直接行うのが筋ですが、合理的な企業運営の観点から、一般的に所有者と経営が分離されています。そのため、運営を任された取締役には大幅な権限が与えられているのですが、その大きな力を取締役の私利私欲から濫用すると、会社に与える弊害は極めて大きなものになります。そこで、会社の利益を保護することが必要となり、次のような規制が設けられているのです。

（1）善管注意義務　（2）忠実義務　（3）監視義務　（4）法令遵守義務
（5）「競業取引」の行為に対する責任　（6）「利益相反取引」の行為に対する責任

善管注意義務とは、会社と取締役は、基本的には委任関係ですので、取締役は会社に対して善良な管理者としての注意をもってその事務を処理すべき義務を負っているのです。善良な管理者とは、単なる比喩的な表現で、具体的に何をしなければならないかは、ケースごとに考えざるを得ないことです。要は、取締役として、当然の注意を怠ってはいけないということです。この義務は会社法ではなく、民法に規定された義務です。その理由は、会社と取締役は、法律的には委任契約に基づく関係であり、会社法には、「会社と取締役との関係は、（民法の）委任に関する規定に従う」という規定があるためです。

忠実義務とは、取締役は法令・定款・株主総会の決議を守って、会社のために忠実にその職務を遂行しなければならないという義務です。しかし、最高裁のある損害賠償の判決で「取締役の忠実義務は、善管注意義務を敷衍《ふえん》（意：わかりやすく）し一層明確化したものにとどまり、これらは別個の義務を規定したものではない、と判断しているので、現在の主流の考え方も、善管注意義務と忠実義務は同じ内容の義務である、という考えに立っているようです。

法令遵守義務とは、取締役は、法令・定款・株主総会決議を遵守する義務を負いますが、ここでいう「法令」とは、取締役に対して遵守せよという規定ではなく、その取締役がいる株式会社に対して遵守せよ、と規定された法令すべてが含まれます。また、日本の法令だけではなく、海外の法令も含まれるのです。このように、法令遵守義務は、非常に広い範囲の法令を遵守しなければならない義務であることに注意が必要です。

監視義務とは、取締役は他の取締役を監視する義務というものも負い、取締役の善管注意義務の一内容と考えられています。とは言っても、代表取締役を含み、各取締役がどのような業務をしているかすべてを把握するのは不可能なことです。したがって、他の取締役による不正・違法行為などの疑いを抱かせる行為を知っていたか、または知ることが可能であったという特別の事情があったにもかかわらず、これを見過ごした場合に初めて、監視義務の違反を問われうる、と考えられています。すなわち、「認識」または「認識可能性」が必要なのです。

さらに、「取締役が果たすべき義務」同様に「果たすべき責任」があります。それは、会社と取締役の利益が相反する行為に対する規制に基づくものですが、たとえば、取締役が会社に内緒で会社のビジネスと競業する事業の取引を副業で始めた場合、その取締役は、会社の事業のノウハウを利用したり会社の顧客を奪ったりするなどして、会社に損害を与えるおそれがあります。このような場合には、会社（取締役会）の承認を得なければならない、というルールがあります。それは、次に説明する「競合取引」の行為、「利益相反取引（間接・直接）」の行為に及ぶ時です。

取締役の果たすべき責任

競業取引とは、取締役が、自己または第三者のために、会社の事業の部類に属する取引をしようとする時です。つまり、会社と競争関係を引き起こすような営業を避ける義務ですが、会社に損害を与える可能性がある取引です。

利益相反取引とは、直接取引と間接取引の二種類があります。直接取引とは、自己または第三者のために、会社と取引をしようとする時です。つまり、会社が取締役に不動産等を売却した場合や、会社が取締役に金銭を貸し付けた場合などです。間接取引とは、たとえば、取締役が銀行などの第三者から金銭の借入れをした際に、その借入れ債務について会社に保証人になってもらう場合などです。この場合、会社と取締役は直接に取引を行うわけではありませんが、このような場合も取締役と会社の利害が相反し、会社が損害を受ける可能性があるため、規制の対象になっているのです。

そして、競業取引・利益相反取引によって会社に損害が生じた場合は、取締役会の承認を受けたかどうかにかかわらず、損害賠償責任を負うことになるのです。

以上が主な取締役の果たさなければならない義務と責任ですが、取締役というのは、重責を担う立場の職位です。その取締役にも会社が補償する保険が令和元年（２０１９）会社法改正で新設されました。それは、会社補償（補償契約）と会社役員賠償責任保険（D＆O保険）です。

会社補償（補償契約）とは、役員等（取締役、会計参与、監査役、執行役または会計監査人）が、その職務執行に関し、法令違反が疑われ、または責任を追及する請求を受けたことを対処するために支出した費用や、第三者に損害賠償を負う場合の賠償金や和解金を、会社がその役員等に対して補償することを約束する契約のことです。

また、会社の役員等が、その職務執行に関して賠償責任を負う場合に、その損害について保険金を支払う保険（会社役員賠償責任保険。D&O保険ともいう）の契約を、会社が役員等のために保険会社と契約することがあります。

こうした補償契約や役員等賠償責任保険契約は、会社が役員等のために金銭を出費するものであり、会社と役員等の利益が相反する点で利益相反取引と似た特徴があるため、利益相反取引と同様に、株式会社がこれらの内容を決定するには、取締役会（取締役会非設置会社の場合には、株主総会）の決議が必要となります。

ここまで、会社の組織、運営、管理や、会社のとりまく利害関係者の利害を調整するルールを定めている中心的な法律、「会社法」に則って取締役の義務と責任について説明してきましたが、法律の固い話というのは、お互いに多少疲れが伴うものです。

この辺で一息ついて、先ほどの海賊の話の続きとして〝海賊の掟〟を考察してみます。

今から遡ること300年前の『イギリス海賊史』によると、海賊の船上では、「善管注意義務」や「忠実義務」ともいえる〝掟〟なるものがありました。

「イギリス海賊船」の掟 ―― 義務と責任

先に紹介したカリブ海の海賊、その黄金期に現れた最後の大海賊と称されるバーソロミュー・ロバーツ船長の率いるのはロイヤル・フォーチュン号。その船上では、ルールや各自の取り分などもあらかじめ定められ、その主たる業務でもある掠奪の社会でも原始的ながら民主的な側面もあったのです。

以下が、『イギリス海賊史』(上)の著者チャールズ・ジョンソン氏が海賊たちから直接聞いた彼らの〝掟〟の大綱です。カッコ内はジョンソン氏の補足です。長文ですが、あえて要約はせず原文のまま記載しますので、海賊を率いるトップの思い、時代を超えたその思いを聞いてください。

一、各人は、重大事項の票決に際し、一票の権利を有する。また各人は、いかなるときであれ戦利品となった新鮮な食糧あるいは火酒に対し平等の権利を有し、随時それらを食し飲することができる。ただし、食糧が欠乏し、全体のために節約が要請される場合はこの限りではない。(食糧が欠乏することは、海賊には、珍しくない。)

二、拿捕した船には、乗組員全員が乗船名簿に従って、平等に秩序正しく乗船するものとする。この際各自は正規の分け前の取得以外に、衣服を取り替えてもよい。ただし、食器類、宝石現金等を一ドルたりとも詐取したものは無人島に置き去り《マルーン》にするものとする。（これは、掟に叛いた乗組員に銃一丁、弾丸少々、水一瓶、および火薬一瓶を持たせ、荒涼たる、あるいは無人の岬か島に置き去りにするというもので、海賊たちの野蛮な風習だった。）仲間同士の窃盗の場合は、被害者が犯人の耳と鼻に傷をつけた後、無人ではないが難儀することが明らかな島に置き去りにするものとする。

三、かねを賭けてのカルタや骰子《さいころ》賭博《とばく》は絶対にこれを禁ずる。

四、八時をもって消灯時間とする。消灯時間を過ぎての飲酒は、露天甲板で行なうこと。（ロバーツ自身は謹厳な男であったから、これによって乗組員が酒びたりになることを阻止できると考えたのである。しかし一味の不節制をやめさせようとする彼のあらゆる努力は結局効果がなかった。）

五、銃、ピストル、カトラスは各自が手入れを怠たらず、常に使用可能な状態にしておかねばならない。（この点、海賊たちは実に見事であった。彼らは所持している武器の美しさと立派さを競い合い、時には上甲板大橋の下で一対のピストルが三十乃至《ないし》四十ポンドで競売に付された。彼らは色とりどりのつり皮を各自のやり方で肩からかけ、それにピストルを吊して部署につき、悦に入った。)

六、女子供を船に連れ込むことは一切これを禁ずる。女をたぶらかし、男装させて船に連れ込んだものは死刑に処する。(「オンスロー」号を拿捕したときのように、獲物の船に女が乗っていた場合、一味は女に見張りをつけ、悶着が起きないようにする。しかしこの場合もだれが見張りになるかで争いが起こる。多くの場合、最も粗暴な男が見張りになるが、見張りになった男は女の貞操を守って、自分以外のものが彼女と寝るのを許さないのである。)

七、戦闘中船を放棄したり持場を離れた場合は死刑もしくは置き去りの刑に処する。

八、船上で仲間同士が争うことはこれを禁ずる。争いはすべて当人同士が上陸し、剣とピストルによって決着をつけるものとする。(喧嘩をして和解しようとしない乗組員がいた場合、操舵手は二人を連れて上陸し、一定の距離をおいて彼らを背中を向けて立たせる。操舵手の合図で、二人は即座に向き合い、ピストルを発射する。さもないと双方とも武器を手からたたき落とされる。双方とも撃ち損なった場合はカトラスで渡り合い、最初に相手を傷つけた方が勝ちになるのである。)

九、なんぴとも、自分の分け前が一千ポンドになるまでは仲間から離脱してはならない。このため、勤務中に不具になった乗組員に対しては八百ドル、それ以外の場合も傷害の程度に応じて共同基金から補償金を支払うものとする。

十、船長と操舵手は戦利品の二人分、マスター、甲板長、および砲術長は一・五人分、その他の上級船員は一・二五人分の分け前を取得するものとする。

十一、楽士は、安息日には休息してよい。それ以外の六日間は、特別のはからいがある場合を除き、無休とする。

チャールズ・ジョンソン著・朝比奈一郎訳『イギリス海賊史（上）』（リブロポート）より

この掟は著者のジョンソン氏によると、ロバーツ船長は、「仲間の絆を維持することを決意したなら、この掟を守ることがすなわち一人ひとりの利益になる」とし、それが仲間の安全になると考えたのである。と分析しています。

これは、18世紀初頭の海賊船に乗るには署名が必要でしたので雇用契約書に相当するもの。ちなみに取締役の立場に相当する操舵手・甲板長・砲術長たちの委任契約書にもなるはずです。

この掟の第二項「拿捕した船員から宝石等を詐取した場合、銃一丁と弾丸、水一瓶と火薬一瓶を与えて無人島に置き去り…」を推蔵すると、その銃一丁を与えた解釈には、敵と戦うため、または自分自身を諫めるためなどの説があるようですが、それは犯した罪に対し自分で決める〝最後の仕事〟だったのではないでしょうか。

現代であるならば、その詐取行為をもし操舵手（取締役）が犯した場合は、先の「利益相反取引」の行為、または「業務上横領罪」に相当するはずです。残念ながら、無人島の置き去りの刑は現代にはないのです。

さて話を現代に戻して、責任ある立場の取締役が犯した罪の償いからです。

取締役の刑事罰 ―― 地位がないと犯せない犯罪

新聞やテレビなどのマスメディアでよく取り上げられる企業内部の犯罪は、特に次の（1）業務上横領罪（2）背任罪（3）特別背任罪（4）贈収賄罪があります。

企業の従業員が仕事上保管する金銭を着服すれば、「業務上他人の物を占領する者」の横領を処罰する業務上横領罪になります。一方背任罪は、他人のためにその事務を行う者（事務処理者）が、任務に背く行為を行う犯罪になります。

従業員の着服行為は、背任罪に当たる可能性もありますが、背任罪でいう「事務処理者」は、単純な機械的労働の従事者を含まず、一定程度の裁量権を有する地位の者に限りますので、実際には、取締役等のかなりの地位を有する者が犯人になることが多いのです。

特別背任罪は、通常の背任罪に比べてかなり重く、取締役を主たる対象として商法に規定されている罪です。10年以下の懲役または1000万円以下の罰金ということになります。

贈収賄罪といえば、一般的に刑法上の贈収賄罪を指すのが普通ですが、この刑法上の贈収賄罪は、賄賂を受け取る側が公務員である時に成立し、公務の公正・中立を保つことが目的としています。しかし、贈収賄罪に問われるのは、公務員だけとは限らず、「商法上の贈収賄罪」もあり、会社の社員や役員はこの法律が適用されます。この規定は、会社役員に廉潔性を求めるために設けられた一面もありますが、主たる目的は、会社財産の損失防止にあるのです。

つい最近では、東京オリンピックの事件がありましたが、これは、あくまで組織委員会の立場は、準公務員という立場に置かれているからです。もし、お互い民間企業の立場であれば、東京オリンピックでの贈収賄罪は、すべてが適用にならないと思いますが、どちらにしてもこれらは特に「地位がないとできない犯罪」です。賄賂を贈るにしても、受取るにしても賄賂として供与される目的物は、金品だけに限らず、接待や地位の提供など、ひとの欲望を満たす一切の財産上の利益を含むと解されているのです。
そして罪を犯せば、法によって裁きをうけるのは当然ですが、この賄賂について、以前聞いた講演で、とても印象に残る講話がありましたので紹介します。それは、最高裁判所の元裁判長だった人物の講話で、最後にこう締めくくりました。

――日本人は、昔から子供のころから教えられてきたのは、いろいろお世話になったり、ものをもらったりしたら、必ずといっていいほどお礼をするもので、そうお母さんに教えられて育ってきます。粗品とか寸志という気持ちには、日本の文化があります。お礼をする文化は、継承文化としてこれからも引き継がれて、この文化は絶対なくなりません。ただ、この文化が「法」になると、民間から民間へお礼を渡せばなんでもないことが、「民」から「官」へお礼をすると賄賂にあたります。これが法なのです。――と、笑みを浮かべながら。

会場からは、「ン～」と誰もが感心したような、そんな説得力のあるお話だったのが今でも思い浮かびます。そう、「お礼は、日本の文化なのです」。

日本人の持つお礼の文化が法により賄賂に変化し、もしどうしてもなくならないものならば、民から官へ渡す人たちにだけ通用する刑事罰を海賊の掟を拝借し、無人島へ置き去りの刑も一考かと思います。きっと、法に触れる悪しき文化も多少はなくなるような、そんな思いも募ります。

経営判断の原則 ―― 取締役に広い裁量を

会社法では、経営判断について「経営判断の原則」と明記し、取締役に広い裁量を認める考え方を示しています。要点を整理して説明すると、経営判断には、リスクはつきものですが、たとえば、新規事業に参入、他社との資本提携、追加資本の導入など、そういった経営判断に関して、後になって結果的に損害が発生した場合ですが、通常の善管注意義務の考え方で取締役に義務違反を求めるのは取締役に酷であり、そうすることは取締役による経営を萎縮させ、過度にリスクを恐れる経営をするおそれがあり、適切な経営ができなくなります。

経営というのは、ある程度のリスクを負った行動をしないと、大きなリターンや利益が得られない場合も多いからです。そこで、経営判断の原則が適用されるのは、次の要件がすべて満たされていることが必要になるのです。

経営判断の原則を満たす三つの要件

一、問題となっている事項が経営判断に属する事項であること（ただし、例外あり）。

このことについては、問題となっている事項が経営判断に属する事項であっても、法令違反行為が含まれている事項や、会社と取締役個人との利害が対立している事項は、経営判断原則の適用はない、とされています。

二、その決定の過程が著しく不合理でないこと。

この「過程」とは、決定に至るまでにどのような情報を集めたか、どのような手続きで決定したか、ということを意味します。経営判断事項については至急で判断することが必要な場合も多いため、情報・手続きが必ずしも完全に十分でなくても許される場合がある、ということです。

三、その決定の内容が著しく不合理でないこと。

これは、具体的な決定の「内容」を指します。そして、「著しく不合理」とは、具体的には、「その会社の属する業界における通常の経営者の有すべき知見・経験」を基準とする、とされています。また、「著しく不合理」の判断は、決定当時にどうだったかを検証するものであって、訴訟などになった後、裁判所が判断する時点で「著しく不合理」かどうかを判断するものではないことに注意が必要です。そうしないと、結果として損害が発生しているケースでは、どうしても「損害が結果として発生した以上、当時の経営判断は間違っていたのでは」という考え方をして、結果責任を問われかねないことになってしまうからです。

これらのことを踏まえて経営判断が必要となるのですが、その場となるのが一般的に、すべての取締役で組織される会議体の取締役会です。

取締役会の成すべきこと

取締役の人数は、会社の規模によって異なりますが、一般的に従業員200人程度の会社で5〜6人、大企業であれば、数十人の取締役がいます。しかし、どんな小さな会社でも、商法で決められているように最低3人は取締役がいるはずです。そして、会社には、大株主であるオーナーが社長として実権を振るっている会社と、大株主が表面に出てこないで経営はその道のプロ（専門家）に任せている会社に分けられます。前者は中小企業、後者は大企業に多い傾向です。株式会社の株主は、本来は会社の共同所有者ですから、直接会社経営に参加できるはずです。しかし、株式会社という制度は、株主がお金を出資し、才覚のあるものが経営し、利益は出資者である株主に分配するという合理的発想に基づく制度です。さらに、上場しているような大企業になると、株式が有力な投資の対象となっていて、株主の関心は専ら株価の騰落にのみあり、会社経営どころか、配当にさえ関心をもたない株主、投機株主が多いのです。そこで、このような株主の意思と会社の合理的運営を考慮して、会社の経営を株主総会において選任されたその道の専門家に任せることにしました。これが取締役会であり、すべての取締役で組織される会議体です。その取締役会がなすべき職務とは、

一、業務執行を決定（意思決定）すること
二、取締役の職務の執行を監督すること
三、代表取締役の選定と解職を行うこと

この三つです。しかし、三つ目の代表取締役の選定と解職は、二つ目の〝監督〟する具体的な内容ともいえるため、大別すると二つになるはずです。

一つ目の会社の業務執行の決定とは、さまざまな事項がありますが、あくまで法令や定款で「株主総会で決定しなければならない」と定められた事項を除き、会社のすべての業務執行について決定する権限をもちます。しかし、あまりにも細かい事項まですべて取締役会で決定することは効率的ではないので、一定の重要な事項を除き、取締役会から代表取締役その他の個々の取締役に委任することができます。取締役会は、意思決定する機関であり、その執行行為は、当然ですが取締役が行うのです。

そして、二つ目の業務執行取締役の職務執行を監督するとは、その選定された取締役は、3カ月に1回以上、自らの職務遂行状況を取締役会に報告しなければなりませんが、これは、取締役会が取締役の職務執行を監督するために役立つルールです。

また、代表取締役の選定や解職は、取締役会がその権限を持っていますが、これは、取締役会によって、経営にとって不適当な代表取締役の職を解く、つまり首を切ることを意味するわけですから、代表取締役の選定・解職権は、取締役会の監督機能として非常に強力なツールなのです。

以上、会社法に基づく「経営判断の原則」等の要点を取り纏めてみましたが、会社法にはない、どの企業にも存在する〝物事の判断や意思決定の基準〟となるやっかいなものが、もう一つあるはずです。

それは、特に同族会社によくある、判断や意思決定の基準ともなりえる「情」と「理」です。

会社法にない、意思決定基準「情と理」

取締役会の職務の一つである業務執行を決定する時に議論は欠かせないものです。その議論において、大きな課題となるのが「情となる感情」、「理となる理性」のバランスです。

どの会社の取締役会でも、意思決定する議論のテーマが山積していると思いますが、感情を抑え、理性をもって議論を繰り返し、最も良い答えを見いだし、決定するのが理想のはずです。

ただその当たり前のことは誰しも頭では理解しているのですが、その過程で邪魔をするのが「情」となるものです。〝折に触れて起こる感情〟です。特に見えない権からなる血縁関係の場合に起こる感情、現象だと思います。意思決定において、この情が大きな罠であり、議論の前にこの感情を持ち込まれるととてもやっかいで自分の意見が出しにくくなるものです。たとえば、いずれ社長となる二代目の意見だからとか、社長の娘婿の意見だからとか…、とにかく感情が常に入口で邪魔になるのです。

この感情を抑え理性にしたがって話し合い、各自が自分の思考に磨きをかけて議論することがより良い答えを導き出すのだと思ってはいるのですが、本当にやっかいな問題です。一般的に日本人は情緒的正しさを求め過ぎる国民だといわれますが、これはどの企業においても恒久的ともいえる課題だと思います。

しかし、最近は、特に大企業においては経営上、合理性にかなっている経営判断を行うことに重きを置き「大事は理、小事は情」を教訓として、経営のトップには、それができる人物を選ぶことが多いようです。大事というのは、経営理念にもとづき、社運を懸けて大事業を手掛けるとか、確固たる信念を持ち大改革を遂行する意味合いのことで、大事を行う時は、情緒的・日本的な判断は必要とせず、理性的・合理的に行うべきというのが、先の教訓としての経営判断なのです。

経営判断というのは、ひと・もの・かね・情報の経営資源をどう活用するかの一言に尽きると思いますが、人間同士のやりとりの中にひとを思う気持ちだけは大切にしたいものです。この日本人がもつ「情」については、奥が深いもので、次の第2話の〝取締役の心構え〟でさらに詳しく話をします。

さて、この項では、取締役の大義について三つの観点となる「立場の違い」「義務と責任」「経営判断」と話を進めてきましたが、最後に残念なことに〝自分の置かれた立場〟の違いで、英雄ではなく犯罪者となった人物の逸話を、桃井治郎著『海賊の世界史』（中公新書）から紹介します。

「大王と海賊」と題して――

時代は紀元前四世紀、当時のギリシャ人の地理的な「世界」の認識は、東はインド、西はジブラルタル海峡までで、世界の文明はギリシャ世界とペルシャ世界のみであると考えられていました。その時代に大王といわれたマケドニア王のアレクサンドロス（在位前336～前323年）は、ギリシャ軍を率い、ペルシャの領土に侵攻し、ついに東方の大帝国ペルシャを滅ぼしたのです。征服した領土は、ギリシャから地中海沿岸のシリア、エジプト、東方のペルシャ、中央アジア、インダス川流域まで及び、まさにアレクサンドロス大王は、人類史上初めて「世界」を統一し、「世界帝国」を打ち立てた人物だと考えられていました。

その大王は、地中海や黒海の海賊を鎮圧し、多くの海賊も捕えましたが、その海賊とのやりとりが逸話として伝わっています。

（ある海賊が捕えられ、アレクサンドロス大王の前に連れてこられた。）

大王が海賊に、「海を荒らすのはどういうつもりか」と問うたとき、海賊はすこしも臆すところなく、「陛下が全世界を荒らすのと同じです。ただ、わたしは小さい舟でするので盗賊とよばれ、陛下は大艦隊でなさるので、皇帝とよばれるだけです」と答えたのである。

（アウグスティヌス『神の国』服部英次郎訳）

著者によれば、現代でもこの逸話は、単なる歴史上のエピソードを超えて、普遍的な政治学のテーマである力と正義の問題をわれわれに投げかけ、はたして、大王と海賊の行為には、どこに違いがあるのかと提起している。と述べています。

ひとは、肩書きでものをいうといわれるように、時代が二千四百年遡っても現代と同じような思いがします。

取締役にも大義という立場があるように、どんな場合においても代表取締役社長という立場、特に創業者には、自分が築き上げた内に秘めた大義があるはず。その秘めたるもの、その思いを汲み取ることも、取締役としての職務ではないでしょうか。

その職務とは、どんな法にも記すことができず、取締役として、トップの思いを腹にすえ、みずから肌で感じ取るものだと思います。

第2話

覚えてください

――取締役の心構えを

時代は、変わっても絶対変わらないもの一つ、
それは歴史が語るように双方向の信頼です。
なぜなら、その信頼こそが、最高の援軍となるのですから。

二十世紀のイギリスを代表する歴史上の指導者といえば、真っ先に思い浮かぶのは、首相ウィンストン・チャーチルです。そして、今回紹介したいのは、チャーチルの友でもあり、首相チャーチルが最も尊敬し、常に敬意をもって遇した人物、第二次世界大戦中、ヨーロッパで英軍の総指揮をとった英雄モンゴメリー元帥《げんすい》です。そのモンゴメリー元帥の著書から、首相チャーチルとのエピソード、機微に触れる著者の思いを要約し紹介します。

—チャーチルとライン渡河作戦—と題して

1945年3月初め、モンゴメリー元帥の作戦司令部、アイントホーフェン近郊に、チャーチルが、参謀総長（モンゴメリーの友）を連れて訪ねてきた。チャーチルは、私が3月末に大部隊を率いてライン渡河を決行する計画だということをよく知っていた（このドイツへの進行計画は戦争の終結を告げる・連合軍を勝利へ導くもの）。私は、参謀総長から「チャーチルは渡河作戦に行く気だぞ」と警告を受けていた。私は参謀総長に「チャーチルをこさせないでくれ」といっていた。（中略）しかし、そのことが、チャーチルの耳にはいり、これを聞いてチャーチルは激怒し、翌日、かんかんに怒ってロンドンへ帰ってしまったのです。その情報を得た私は、私の切り札は、「チャーチルが来ては困る」という話は、直接チャーチルには言っていないことだった。なすべきことはただ一つ。何もなかったように手紙を書いて、「ライン渡河作戦を見にきてください」とチャーチルを招待したのです。もちろん、チャーチルは大喜びでやってきた。皆、彼の訪問を喜び迎えたのです。もし、間違った手をうっていたらどうなっていたろうと思うだけでもぞっとする。

——モンゴメリー元帥著、山崎高司訳『指導者への道』(講談社1972年発行)より

時のひと、チャーチルを相手に見事な一手と称賛する内容だと思います。英軍を率いる総司令官モンゴメリー元帥のトップの思いを知りつくした招待状だったのです。時代は変わっても、国は違っても、そのトップの思いを知る心構えは変わらないはずです。

決定された事項を、戦略を練り実行に移す重要な役割を担うトップに仕える取締役の心構え、考え方など経験談を織り交ぜながら話を進めます。

参謀に徹する　――トップの思いを知る

参謀とはもともと軍事用語で、必要な情報を収集し・分析して指揮官に対して戦略提言を行う者を指す言葉です。辞書には、「高級指揮官を補佐して作戦・用兵その他一切の計画・指導にあたる将校。転じて、計画・作戦を立てる人」とあります。つまり、トップの意を汲み、作戦を立て遂行する、させるということであり、トップの意思決定とその実行を補佐するのが役割です。

トップの思いを知る

大企業のような巨大組織は別として、中小企業、同族企業の大半は、トップである社長の個人的な夢や思いがあり、時には、その強引ともいえるものの考え方が周囲を惑わすものです。

ある企業の営業部長の話です。彼は部下からも信頼があり、間もなく取締役になると誰しも思っていた人望のある人物でした。その人物と当時、資産600億円はあるといわれた頑固一徹なオーナーの会話です。事案は、契約書の文言です。

オーナー　「この文言はおかしい。こう直しなさい！」
営業部長　「いや、この文言のほうがいいと思います」
オーナー　「違うだろ、文言が違う。これじゃだめだ！」（少し、興奮気味）
営業部長　「いいえ、この文言があっています。（席をちょっとはずし、持ってきたのは『六法全書』）ここにこう書いてありますので、これが正しいんです」
オーナー　「……。（激怒、怒りの形相）お前コノヤロー！　今までだれのお蔭で飯《めし》食ってんだ！　わかってるのか！」
営業部長　「……」

この話は、後日その営業部長から聞いたのですが、彼が打ち明けたのは、結局オーナーのいうとおりに文言は変えたとのこと。そして、「だれのお蔭で飯食ってんだ！」といわれたら、なんもいえないよ。新卒で入社してからずっとお世話になっているから…。今思えば、あの契約書は、そんな重要なものでなかったんだ…。みんながいる前で、余計なことをした…。と反省の弁でした。そのオーナーは、みんなの前で恥を掻いたのです。その後、かれが取締役になるのに8年の時を要したのです。

ついでといってはなんですが、ぼくがある企業で社長室に籍をおいた時の話を聞いてください。あれは、確か5回目の海外視察をした時のオーナーの思いを知る事件でした。その旅行は、オーナーの家族が一緒で、いつもの通りぼくは、添乗員兼雑用係として同行したのです。スケジュールは11日間で、東京発→サンフランシスコ経由→メキシコシティ経由→アカプルコ着3泊4日滞在。その後の2泊3日は自由（スケジュールなし）。そして、帰りの便のサンフランシスコ（2泊）発→東京行きは予約済みです。事件は、アカプルコ泊の最後の3泊目の夕方でした。

オーナーの部屋に呼ばれ、突然「明日は、ラスベガスに行こう。そこで2泊だな！」

「…はい。これから飛行機、ホテルを手配します」――。

一目散でフロントに直行し、そのホテルの支配人を呼び事情を説明、二人でロビー内にある旅行代理店へ。飛行機はとれますが、但しホテルは1泊のみ可能。2泊目は絶対無理！　理由は、ラスベガスで世界的なイベントのエレクトリックエキセビションが開催される初日、この時は、ラスベガス中ホテルは満室となり、宿泊は絶対にできない！との回答でした。

そのことを全員の前で説明したところ、オーナーより一言、

「ホテルだぞ、キャンセルはあるだろう！　お前（著者）そうだろ〜！」

「…ありますよ。ホテルですから……」

ぼくの顔色を察してか、ほかの人たちは半信半疑、不安そうな空気…。オーナーは上機嫌（きっと思いは、もうラスベガスだったのでしょう）。

とにかく一行は、アカプルコを発ち、メキシコシティで乗り換え、約6時間かけてラスベガスに到着。空港よりリムジンに乗り、1泊しか予約をとれなかったホテルに到着した。ぼくは、みんなをロビーのソファーに待たせて、一人でチェックイン。対応する若いフロントマンは「2泊目は満室で無理です。ラスベガスのどこを探しても無理です」と冷たい一言…。

とっさにぼくは、日本から来た財閥一家の秘書を前面に打ち出しながら、こう告げたのです。

「――わかりました。ところで、私たちがもう1泊（3部屋必要）するためには、宿泊代の他にあなたに直接いくら支払えば、いいのでしょうか。どうか教えてください…」と、真剣に彼の目だけをじっと見つめたのです。彼は、とっさに目玉だけを左右に飛ばして周りを見て、真剣な眼差しでメモを書き、僕だけに見せたのです。

メモには　Give Me $300

ぼくは、彼の指示に従い300ドルを八折りにして手の中へ。その手の中を見せながら、もちろん握手を求めました。彼は、直ぐフロントバックへ（憶測ですが予約システムの操作）。彼はすぐ戻ってきて、その契約は成立したのです。それから、ぼくはみんなが待つ場所へ戻り、こう切り出しました。「やっぱり、キャンセルが、今ちょうど出ましたよ！」と。オーナーが即答「そうだろう！　出るんだよ〜。ホテルってもんは〜」と、上機嫌。さらに自慢げに、「ホテルってもんはな〜○△×――」。

長い話になりましたが、これは自慢ばなしではなく、トップのその時の思いを知ることが大切な仕事だということです。もし、2泊できなければ、ホテルが見つかるまで隣町に向けてリムジンでいけばいいだけのことです。もちろん、オーナーの了承が必要となりますが…。しかし、このラスベガスでの仕事は、参謀役というよりは、とっさに出た〝悪行も才覚のうち〟ということでご容赦ください。

さて、〝トップの思いを知る〟というのは、最初に〝自分勝手な思い込みを捨てる〟ことです。ひとは、どうしても自分の知識や経験値から物事を判断しますが、特に創業者である社長というのは、自分が考える以上の〝ものの考え方〟が違うはずです。だから、会社を立ち上げ創業者に成るのです。

そのトップの考えを理解するのは、自分の立場を弁え、取締役として補佐役に徹し、まずはその考え方、ものの考え方を学ぶことだと思います。自分の考え方に磨きをかける時です。その学ぶ姿勢が、時には自分の不勉強さ、未熟さに気づかされることにもなります。

トップの意を汲み、作戦を立て遂行する参謀といわれる立場、それはきっと、組織で言うならば役付取締役の立場になると思いますが、まずは、その時のトップの立場、自分の置かれた状況を考えることです。その考える、その時の一瞬の判断が大事な仕事となるのです。

王道と覇道を知る

その昔、王道で天下を治めた人を、ひとは「王者」と呼び、覇道で天下を取った人を「覇者」と呼んだようですが、たとえて言い表すなら、一日のうち、太陽が輝く昼と真っ暗な夜があるように、社会にも、明るい世界と闇の世界があります。その明るい世界でことを成し遂げたのを「王道」と呼び、真っ暗な闇の世界でことを済ますのが「覇道」になると思います。その二つの道は、どんな社会（企業）でも存在すると思いますが、北海道は、オホーツク海に面する小さな町、その人口約2万人の町に某企業が進出した時の覇道の話、その一部を紹介します。

その町が所有する物件と広大な土地を、数回の交渉の結果10億でその企業が買い取ることで合意した調印式でのことでした。その席には、町の代表である町長、助役と数名、企業側も創業者であるトップと役員数名の場です。

双方、儀礼的な挨拶を終えたその直後、その企業のトップであるオーナーが、道内の経済状況等を前置きにして、突然、「10億ではなく、8億で買い取りたい…」と切り出したのです。

驚いたのは、町を代表する方々、そして、企業側の役員でした。突然の話に町側は、そんな話を受け入れることができず、調印は破談。断られたそのオーナーは、残念な様子を見せて席を立ち、自ら車を運転し、一人で札幌に帰ってしまったのです。残された面々は、話合いをしましたが結論はなく、最後に一人の取締役が一言、「うちの社長は、頑固一徹なひとで一度口にしたら、もう手におえない…」と。そして、その場を全員あとにしたのです。

それから、1週間後に町側から連絡があり、オーナー抜きの交渉があり、最後は8億で商談が成立しました。企業側のトップの思いを知り、一人の役員が最後に言い残した「うちの社長は、……もう手におえない」。この一言が、覇道に追い打ちをかけ2億を勝ち取った要因でもあるはず。これは、トップの思いを知る、自分のペースに巻き込むためのその知恵と工夫が覇道の戦略だったのだと思います。

結果としてこの数字だけを考えると、2億の経常費用の損失を防いだことになりますが、言いかえれば、経常利益2億を1週間で稼いだのです…。

思考を知る

前述した、一人の役員がその場で、トップの意を汲み考えぬいた言葉、「うちの社長は……」。だからその方は、その会社で社長の側近と陰で呼ばれるのだと思います。

ちょっとしたたとえ話になりますが、新規事業など、何かを立案する場合は、口頭で説明する方法もありますが、説得するためには、その資料が必ず必要になります。

そのプロセスとして、相談する相手によっては、作成の仕方にも敢えて核となる考えを明記しない場合も時にはあります。それは、相手がいるからです。まず手の内を見せない提案です。自分の考えをすぐ理解してくれる上席がいれば最高なのですが、世の中そんなにうまくいかないものです。どんな場合においても例外はなく、まず考えることです。

たとえばですが、何かを提案する時、自分の考え、提案したいことの70～80％の内容でまず、上席（役付取締役等）にたたき台をもって相談してみることです。大切なのは、そこからです。上席にいる方というのは、いろんな方がいるはず。まずは相手の思い、考えを知ることからはじめるのです。その提案で何度も相談しているうちにお互いが理解するようになるはずです。サラリーマン用語で、〝独走は身を滅ぼす〟というのがあります。この言葉は、ぼくが41歳の時に、役付取締役として3年間出向し、ある企業の立て直しで失敗をした実体験から学んだ、身に沁み込んだ言葉です。

仕事においても、自分の好きな直球だけでは、成長しないですし、自分を小さくするだけだと思います。時には、変化球も必要になるはずです。

大切なのは、自分の考えをおさえセーブして、一緒に考えてもらうのです。そうすることによって、必ず何かが生まれてきます。「上席の考えがこうだったのか」とか、違った答えが見つかる時があります。自分の未熟さに気付かされる時もあるはずです。

この提案の目的は、賛同を得ることですが、それよりも経営陣の一員として、相手の考えた思いを知ることです。何度も繰り返しそうすることによって、自分という人物を理解してもらい、信頼を得ることに繋がるはず。

もし、その提案が認められて他のひとの手柄になったとしても、それはそれでいいのだと思います。なぜなら、そこから多くを学ぶはずですから。

仕事を遂行する上で、どんな時にも大切なのは、双方向の信頼です。手柄は上司（社長、役付取締役）に、花をもたせることも大事な心構えの一つです。

考えさせられた事件として、ある企業の商法違反の出来事を紹介します。それは、ひとを見極めることの難しさを教えられた事件でした。当時、二人の役付取締役が逮捕され、一人は、オーナーの親族（遠戚）、もう一人は、親族とは無縁の役員でした。罪は、総会屋にたいしての献金。拘置所内での尋問に対し、一人は、「自分の判断でやった」と供述し、もう一人は「オーナーの指示で」と、供述しました。一ヵ月ほど勾留され尋問されたようですが、供述が変わることは二人ともなかったのです。最後にオーナーの尋問となったのですが、「私の指示です」と。

商法違反の罪の是非はともかく、企業経営に大義があるように、各々の取締役の立場は違っても必ず同じ大義があるはずです。大切なのは、トップを陰で支えるひと、本当の後ろ盾はだれなのか、知ること、考えることです。たとえだれであっても、そのトップの後ろ盾には、かならずひとが存在するはず。そして、そこから多くを、何かを学ぶことです。

企業には社長室という、社長だけの私用の部屋があります。そこは、誰も侵すことができない考える部屋です。各取締役にその部屋があるかどうか別にして、トップが考える以上に考えなければならないのが、取締役の仕事なはずです。

一般論かもしれませんが、同族会社だから、仕方がないとか。だからこうなんだとか、自分勝手な思い込みを捨てることです。自分勝手な思い込みは、自分を間違った場所に連れて行くはず。

大切なのは、まず、頭を切り替えて考えることです。それは、謙虚にものごとを学ぶ姿勢へと、変わる時でもあると思います。考え方が変われば、仕事のしかたもきっと変わるはずです。それが思考する力になるのだと思います。

ひとを動かす　――　ひとは、心で動く

会社組織において、ひとは権力で動くのは確かなことです。しかし、本当にひとの心を動かすのは、第1話で〝五つの権とその力〟で話をしたように、スタッフがいたからできた二つの〝力〟です。与えられた力ではない経験を通して自分自身で培った、権威であるひとを動かす熱意、思い、説得力です。もう一つは、一歩一歩前に進み、失敗も繰り返し、経験から積み上げた統率の力です。

このひとを動かす熱意やひとを率いる力が、本当にひとが動く一つの要因だと思います。

ひとは心で動く

国政の世界では、ひとを動かすたとえ話として、政治は説得力で動き、軍は命令で動く。といわれるようですが、冒頭に紹介した首相チャーチルが最も尊敬し、常に敬意をもって遇した人だといわれていた総司令官モンゴメリー元帥は、著書『指導者への道』で、――リーダーシップとは、いったい何か？　という問いかけに、こう語っています。

一番単純な言い方をすれば、指導者とは「人を自分に従ってこさせることができる人」のことである。このような人は、無論、善人である場合も悪人である場合もある。（中略）したがって、リーダーシップの出発点は人の心をかちとることにあるように思われる。そして、これこそ、すべての問題の核心であると、私は固く信じている。

ひとことで言い表すならば、リーダーシップとは、ひとの心をかちとること、になりますが、それは、言いかえればひとの心を動かすことです。

さらに続けて、モンゴメリー元帥は、指導者の思いについて、こう語っています。

一、指導者は、なせばなるという信念をもって、他人《ひと》に影響を及ぼし、そして、困難にめげず、耐え抜き通す決意を持たなければならない。

一、指導者は、結果がどうなるか自信のない場合にも、結局はうまくいくのだという信念と、それをやり遂げるための機知とを持って、確信の念を面《おもて》に輝かせていなければならない。

一、指導者は、しっかりとした判断をして、他の人に信頼されるようでなければならない。

一、指導者は、人間性をよく理解しなければならない。

一、指導者は、問題を正確に全体として見ることができなければならない。自制は指導者の性格に欠いてはならない要素である。

一、指導者は、よい人を集め、部下をよく選ばなければならない。実際、人柄をよく判断できなければならない。

この思い、考え方が、第二次世界大戦で連合軍を勝利に導いた人物、半世紀、生死を賭け戦い抜いた人物だからこそいえる言葉です。英国軍のトップにいた人物の説得力のある、重たい言葉です。

しかし、モンゴメリー元帥著の指導者（リーダー）の意味するのは、著書内容からして、最高トップである各国の首相、軍の最高トップとの面識もあり、対話で感じ得たものです。この指導者（リーダー）像は、会社組織でいえば、トップになる代表取締役です。

その代表を支える立場にいるのが取締役なのです。大事なことは、管理者層を率いる第二のリーダーとし、トップの思いを理解し、ことを成し遂げようとする思い、その熱い思いがひとを動かすのだと思います。

ひとは熱意で動く

仕事を成し遂げるための大切なものの一つに、ひとの心を動かす〝熱意〟というものがあります。

大学時代に1年間休学して、オランダで働きました。オランダでのその企業の雇用条件の一つは、3年契約が条件、1年間の雇用契約は当然無理で断られました。そこでぼくは、条件として手紙に「1年間給与は不要。但し、飯と住むところだけ保証してください」と懇願した結果、採用になったのです。その後、一緒に働いたオーナー（台湾国籍）から、聞いた話ですが、なぜ3年の契約条件を変更し採用になったかというと、「お前の熱意だ！」といわれたことを今でも覚えています。それを一言で言い表すと、きっと〝若さ〟という人もいるかもしれません。熱意には、年齢は関係ないと思います。

というのも、2年前の9月に、1972年東京に会社を設立し、『ホスピタリティ』という言葉の提唱者といわれる力石寛夫《ちからいしひろお》先生と食事をした時でした。その時先生は79歳、会社設立50周年を記念し日本全国を講演し、札幌にいらした時、先生はいつものように優しい口調でお話をされました。その言葉、ひとつ一つに感じ得たのは、先生の『ホスピタリティ』に懸ける思い、熱意です。その熱意があるからこそ、会社を50年間支え、ホスピタリティという心のサービスを日本に提唱し続けているのです。

その席で、ぼくが学ばなければいけないのは、いくつになられても変わらぬホスピタリティに懸ける先生のその熱意なのです。

ものごとを成し遂げるためには、まずひとを説得する熱意が絶対必要になると思います。あいまいな指示、話ではひとは動かないのです。仕事を成し遂げるために取締役には、統率力（リーダーシップ）が必要になり、実務リーダーとなる管理者を率いて、実行に移すことです。それは、成し遂げようとする熱意があるからです。その熱意に年齢、性別、年功序列を重んじる勤務年数など関係ないはず。

そして、取締役としてその責務をはたすために最も大切なもの、その源泉は、正しい判断力をもち、そのひとだけがもちうる、ひとを惹きつけるそのひとの人間味です。

人間味を求める――「鬼平犯科帳」から学ぶ

会社は、政治の世界でもなく、軍の世界でもないのは確かなことです。もし、前項で説明した〝四つの権〟と〝見えない権〟その五権を全く気にせずにいうなら、ひとを動かす源泉は、間違いなく「そのひとの人柄、人間味」だと思います。

ひとを惹きつける人間味

人がもつ人柄、人間味というのは、そのひとの生まれもったものかもしれませんが、それは、ひとと接し、磨かれ培っていくものでもあると思います。ぼくの社会人生活40年の中で、もし一人だけ挙げるとしたら、ある弁護士の先生です。現在78歳位になられると思いますが、札幌は、大通に面したところに事務所を構えており、札幌弁護士会会長、日本弁護士連合会副会長、札幌市オンブズマン等を務めたその先生が当時50歳位の時にプライベートの食事会で語ったことです、聞いてください。

わたしはね～、弁護士になった時、法律事務所を開いても飯を食えない時代があってね～。その時のお客さんといえば、反社会的勢力のお客もいてね。やっと仕事が軌道に乗り始め、まっ、多忙を極めた時期にその当時のお客（反社会的勢力）が訪ねてきたら、蔑ろには絶対しないんだよ。だってその人達のお陰があったからこそ、今があるんだから。ある時なんか、そのお客が刑務所に入って、呼ばれて会いにいったんだけど、てっきり刑の軽減とか、弁護のことかと思っていったら、なんと彼のプライベートな依頼だったんだ。参ったよ。内容は、「これから、7人の名前（全部女性）と電話番号を言うからひかえてくれ！　そして、それぞれに俺は○△×□……」と伝えてくれ。これは、ひとにはちょっと恥ずかしくて、その内容はいえないけどね。お金なんかとれないよ～。でもそれを全部暗記できるだけの頭があったら他に活かせって言いたかったよ～。と、先生自身が笑いながら、仰っていたのを今でも思い起こします。

これは、ひとと接して、社会から学び磨かれ培った、その人だけがもつ人間味ではないでしょうか。職業は違ってもどんな相手でも目線を同じく接する姿勢、ひとに対する思い、優しさだと思います。

さらに話の流れといってはなんですが、人間味でどうしても挙げたい人物を紹介します。それは、天明7年（1787）から寛政7年（1795）まで8年間も「火付盗賊改」の長官職を務めた長谷川平蔵氏です。日本が誇る時代小説『鬼平犯科帳』の主人公である長谷川平蔵です。ひとが思い描く人物像「理想の取締役」でもあるのです。

人情の機微に触れる

歴史上の名将の傍らには、必ず名参謀あり。といわれますが、たとえば豊臣秀吉には竹中半兵衛というよく話題になる名参謀がいましたが、その参謀という戦略はもちろんのこと、その人物の人間性を含み名参謀といわれているのだと思います。

しかし、人間味となるとなんといっても、鬼平犯科帳の主人公である盗賊改メの長官である長谷川平蔵です。時代小説『鬼平犯科帳』の著者である池波正太郎氏は、著書『新　私の歳月』(講談社文庫)のなかで、「平蔵の時代(江戸末期)に四百石の旗本で盗賊改メの長官といったら、もう庶民にとっては雲の上の人みたいなものでしょう。現代ならさしずめ警視総監のようなものなんだから。」と語っています。

その仕事は正式には、火付盗賊改方というようですが、業務内容はというと、「泥棒と火付を捕まえること」。当時の江戸には、放火と泥棒が結びついていることが多かったらしく、火をつけておいて、大騒ぎになったどさくさに盗みを働く。その泥棒と火付を捕まえることが役目です。平蔵の部下には、与力が約20名前後、その下には同心約50名前後、おおよそ60名ぐらいの部下を引き連れていたようです。

その平蔵のリーダーシップ、人間味となると、『鬼平犯科帳』のファンクラブの講師を務める西尾忠久の著書の冒頭で、「組織のリーダーとしてひとの扱い方を学びたいなら『鬼平犯科帳』を読め、とすすめている大手電機メーカーの人事部部長も知人にいる。」と述べています。

まずは、鬼平こと長谷川平蔵の人物像を池波正太郎氏、本人の語りをお聞きください。

「リーダーの人間学――人はなぜ付き従うのか」と題して、三人の人物が登場します。

〈前任者の部下だった佐嶋忠介の話〉

——中略

与力衆の中で佐嶋《さしま》忠介というのが、まあ、鬼平の腹心といえないこともない。

これは前の盗賊改メの長官堀帯刀《たてわき》の部下なんだ。それを平蔵はもらいうけた。佐嶋与力自身の前の活躍が相当あったからね。最初、平蔵はちゃんと佐嶋を立てていますよ、おれの方がいろいろ教えてもらわなきゃならないから、といってね。

佐嶋忠介は、ぼくの小説の中では非常に地味な存在でしょう。だけど不思議に人気があるらしいよ（笑）。ビジネスマンの組織の中にも佐嶋のような役まわりの人がいるんだろうね。人情の機微に通じていて、同心たちと長官のパイプ役のようなこともできる、こういう人がいてくれないと鬼平も安心して働けない。

佐嶋の方もだんだん平蔵に心服していく。働きやすかったんだろうねえ。

「この人のためなら一緒に死ねる」

と思っているんだよ。

〈ひからびた命、彦十《ひこじゅう》じいさんの話〉

——中略

部下の心服を得ようと思うなら、説教ばかりしたって駄目なんだよ。まず自分の行動で示す。自分の方が上だからって権力や地位を笠に着て威張っていたら、いまは、だれもついて来やしないよ。平蔵の時代に、四百石の旗本で盗賊改メの長官といったら、もう庶民にとっては雲の上の人みたいなものでしょう。現代ならさしずめ警視総監のようなものなんだから。

そういう平蔵が、相模無宿の彦十という無頼上がりのじいさんに、

「むかしなじみにもどり、ひとつおれの手助けをしてはくれねぇか」

と、若い頃のつきあいそのままの伝法《でんぽう》な口調でたのむわけだよ。こういわれれば、

「入江町の銕《てつ》さん（筆者注・平蔵の意）のためなら、こんなひからびたいのちなんぞ、いつ捨てても惜しくはねえ」と、やっぱりこうなるでしょう。

だから、大事なのは、先ず、相手と同じところまで下りていくこと。人間というものは身分が上になるほど、なかなかそれができないんだよね。

〈遊び人で半端な部下、木村忠吾の話〉

――中略

たとえば、忠吾が谷中《やなか》あたり岡場所で遊ぶでしょう。若いから夢中になって通いつめる。平蔵にはもうそのことがわかっているんだよ。だけど、すぐ呼んで叱ったりしない。書類整理の仕事がたまっているから、当分、自分のそばにいて手伝ってくれと。そうやって忠吾を外へ出さないわけだ。だんだん忠吾がじりじりしてくると、やんわりいう。

「忠吾、物事すべて、切りあげどきには切りあげるものだぞ」

これだけで、いわれた当人にはわかるはずなんだ。ところが忠吾は、我慢しきれなくなって役宅を脱《ぬ》け出す。それで女のところへ行こうとしたときに盗賊団を偶然に発見して、やっぱり自分の務めというものを考えて、役宅へ知らせを出すんだよ。そうすると、平蔵みずから現場へ出向いて来て、仰天する忠吾に、

「お前。とんだ時刻にこのあたりを見回っていたのだな、えらい、感心なふるまいだ」

しかもさ、泥棒たちが全部捕まった後で、平蔵は忠吾を呼んで賞《ほ》めてやるんだ。

このたびはお前の大手柄であると。だからほうびをやる、金三両、好きなようにつかえと。

長官にこう優しくされては、いくら忠吾といえども……。全部、正直に白状してしまうこと

になる。

これが長谷川平蔵流ですよ。——中略。そして、鬼平が忠吾にいったこと。

「遊びながらはたらく生きもので、善事をおこないつつ、知らないうちに悪事をやってのける。悪事をはたらきつつ、知らず識らずに善事を楽しむ。これが人間だ」

この鬼平が忠吾にいって聞かせた台詞《せりふ》が「鬼平犯科帳」のテーマなんだよ。

池波正太郎著「新　私の歳月」（講談社文庫）より

火付盗賊改方という業務は、現代のビジネス組織とは、内容が違うかもしれませんが、共通の目標をもって組織で働くということは相通じるところがあるはずです。その中で、ひとを率いるリーダーは、何をしなければならないのかということです。

機微に触れることを理解するには、経験、長い年月、多くの失敗から学んだことがあって理解できるものだと思いますが、先の〈ひからびた命、彦十《ひこじゅう》じいさんの話〉で、著者が、「大事なのは、先ず、相手と同じところまで下りていくこと。人間というものは身分が上になるほど、なかなかそれができないんだよね」というように、取締役の立場になると、ついつい経営陣という驕《おご》りが先に出て、高所から見おろしてしまうものです。その驕りが、面従腹背のスタッフが育つ要因になるのです。

時には、立場を控えて、スタッフと同じ目線で話をすること、その機会をもつことも大事なことだと思います。

思い描く理想の経営陣

長谷川平蔵氏の人間的魅力、人間味はひとに惹かれるはずです。まさに実行部隊を牽引する統率者・統率力があるのです。池波正太郎氏が、その人間味あるよいリーダーの条件として作り上げた著者の〝メモ書き〟を整理してみるとその人物像は、

一．ひとつのことに拘らない広い考え方ができる人物
二．情報収集力と状況を読み取るたしかな目をもつ人物
三．相手の立場になって考えられる人物
四．部下をえこひいきしたり偏見を持たない人物
五．字をうまく書け、相手が理解できるようにうまく話し、更に図を描いて説明できる人物
六．部下へ未来像を与えられる人物

七．求めて多くの経験を積んでいる人物

以上の七つが作家の空想力、創造力を刺激して平蔵という男を造形したのです。これらを力《ちから》にたとえるなら、一と三と四は人間力です。二と七は先見力。そして、五と六は説得力だと思います。そのなかから一つ特筆したいのは、人間力でもある「相手の立場になって考えられる人物」です。

池波正太郎が創り出した平蔵というその人物には、人間味である「情」となる感情と、仕事に対する「理」となる理性が兼ね備わっていると思います。

この情と理については、第1話の〝会社法にない、決定基準〟の項で、経営判断の意思決定では、合理性に重きを置き「大事は理、小事は情」を教訓としている話をしましたが、平蔵のように、情と理でひとを動かす人物には、人間の心理をついた言葉で、「正面の理、側面の情、背面の恐怖」というのが相応しいと思います。つまり、部下に対しては、理性で説得し、感情で支えて、それでもいうことを聞かなければ、「恐怖」により従わせる。という意味ですが、しかし、公私の区別をつけた〝私〟の社会では、こと人間関係においては、情が大事となるはずです。

事業を成し遂げた著名人の多くは、この課題について夏目漱石著の小説『草枕』の冒頭の文章三行を引用しています。その名文を同様に借用させていただくと、

山路《やまみち》を登りながら、こう考えた。
智《ち》に働けば角《かど》が立つ、情《じょう》に棹《さお》させば流される。意地を通《とお》せば窮屈だ。
とかくに人の世は住みにくい。

これは、社会における理性と感情の二つの世界のせめぎ合い、人間関係の難しさを語っています。だから、社会は、難しいのかもしれませんが、会社では、公私混同するな！　と、よく耳にする言葉、それは、特に経営陣がその領域を超えているはずです。公私と同様に、「情」と「理」は、とにかく両者のバランスをうまくとりながら、与えられた職責を全うしたいものです。特に同族会社でのこのバランスは、神経をすり減らすものだと身に染みて思いますが、人の世を住みやすいものにしたいと只ひたすら願い、この課題は、まずはこの辺で寛容願います。

礼儀を弁える ―― 礼節の原点を知る

人間関係で大切なものの一つに礼節、つまり礼儀と節度というものがあります。それは、社会を生きていくうえで、大切なものです。そのルーツである礼儀作法やマナーは、時代を遡れば貴族社会である飛鳥時代（6世紀末~7世紀初頃）に朝廷で働く人たちの階級や行動規範を制定した「冠位十二階（６０３年制定）」や「十七条憲法（６０４年制定）」にあるといわれています。

その礼節は、今でも私たちの人間関係の原点になっていますが、特に上に立つ者が弁えなければならないこと、その最も基本的な所作は次の三つだと思います。

「あいさつ」とは

礼儀や作法を内容とする著作物は、数多く出版されていますが、その著作物を収録対象とした、陶智子／綿抜豊昭編著『近代日本礼儀作法書誌事典』があります。それは近代（明治初年から昭和20年）において日本国内で出版された礼法・礼儀作法・マナー等を主な内容とする約1000冊に及ぶその礼儀作法書を取り纏めた事典ですが、その事典を開くと、最初にあるのは次の書名です。

標題『あいさつのしかた』　刊行年月日　明治7年（1874）1月
編著者名　鳥山啓著　　所蔵館　国立国会図書館

明治時代の最初に書かれた礼儀作法書の本が、書名『あいさつのしかた』です。なぜこの書名が明治時代にはいって最初に発刊されたのかがわかりませんが、当時西洋文化が押し寄せてくる文明開化の時代に日本人として、大切にする人間関係を保つ礼節の原点ともいえるのが、「あいさつ」だった…、そんな思いもします。

その〝あいさつのしかた〟ですが、立場が上だからといっても年齢、男性、女性の区別はないと思います。日本企業でよく見かける文化で、立場が上になり経営陣ともなると、自分より下のものに対しては〝おはよう〟のひとこと。立場が上のものに対しては、平身低頭に「おはようございます」です。

非礼を承知で申し上げますと、特に同族会社の上層部の方や、あまり社会経験を積んでいない方々に多いような気もします。立場が上になると、朝一番の大切な言葉を使いわけているのです。どうして、朝一番のその大切な言葉を使い分けるのか。それは、自分が上の立場だという自慢があるからでしょうか、上から目線で見るからでしょうか。

どちらにせよ、おかしな話だと思います。目上、目下、上司、部下に係わらず相手を敬う気持ちがあれば、自然と「おはようございます」となるはずです。

新入社員に上層部の方が自ら先に、「おはようございます」の挨拶をする。ほのぼのとする光景です。そのひとことが社員教育の一つになるはずです。さらに、秩序をまもることでもあるのです。朝一番の「おはようございます」とは、会社の秩序を守る「健全な空気」です。基本的な礼儀ですが、取締役自ら襟を正し行動で示すのが置かれている立場でもあるはずです。社員は、視ているのです。そして、学び育つのです。

「ありがとう」とは

会社には、その企業独特の文化があります。きっと転職をすると肌で感じるものです。あれっ、なんか違う。今度の会社は、今までの会社とは違う。と、なんとなく感じるもので、それを一言で文化と言い表すなら、先に説明した上の立場の方が「おはよう」とスタッフ挨拶をする場合の一言も同じように、ありがとうの一言も文化です。

　というのも立場が上になると、その大切な「ありがとう」という言葉を蔑ろにしていると思います。たとえばですが、スタッフに資料を作成依頼して、その資料が提出されるとまずはありがとうの一言だと思います。内容のウンチクはあとからの問題です。

　しかし、中にはその当たり前ができない役員がどの企業にも存在するはずです、それは、立場が上になればなるほど、礼儀を押しのけてその立場にそっと近寄ってくるものがあるからだと思います。それは、知らず知らずに自分の中で芽生えて、気づかないものです。礼儀とは相反する、それは「驕《おご》り」というものだと思います。

　話が少し逸れるかもしれませんが、その驕りという言葉の重さを歴史に残している著書、『日本海軍の驕りの始まり』（著者は千早正隆）が、その言葉の大切さを的確に語っています。元連合艦隊参謀、海軍中佐でもあった著者が記したその内容は、当時、連戦で戦争を勝ち抜いた日本海軍が緒戦の勝利に酔い、傲慢と過信から勝機を逸した昭和17年（1942）4月のインド洋作戦こそ、ミッドウェー海戦の日本軍の惨敗を生み、その最大の要因は、それまで日本が勝ち続けたゆえの驕りであると、著者が語っています。

その言葉「驕り」を言い換えれば、「思い上がり」です。立場上、まわりに持ち上げられ、気を使われてそれが当たり前のようになってくると、ひとは自分の置かれた立場に酔い痴れ、自分でも気づかないのだと思います。

朝のあいさつの一言もきっとその現象の一つだと思いますが、もしそうなら、早めにその思い上がりに気づき改めることです。というのはその驕り（思い上がり）は、間違いなくひとを間違った方向に導くからです。

できれば、入社当時の自分を思い起こし、その原点に戻って、おはようございますの一言、ありがとうの一言を伝えることが大事なことだと思います。

会社の働く環境で、朝のあいさつが清々しく聞こえ、ありがとうの言葉が耳にそれとはなく入ってくる会社というのは、きっとお客様からも当然ながら支持を受けている会社だと思います。

人間関係で大切な秩序、その秩序を創り上げるのも上に立つものの仕事なのです。

礼を尽くす「酒の道」とは

会社で立場が上になればなるほど、どういう訳かお付き合いの席がついてまわるものです。

経営陣となれば、接待、社長、部下などの酒の席は仕事の延長線の一部ですが、その酒の席での失敗は命とりになる場合があります。

以前、勤務していた会社での出来事ですが、経理部約30名の親睦会で取締役経理部長による女性スタッフに対するセクハラの事件がありました。その部長は、四十代半ばで取締役になり仕事においては誰もが認める優秀な人物でしたが、しかし、酒の席での一度の失態で取締役を解任され、子会社へ異動となったのです。その方は、もうその子会社ではどんなに努力しようが昇進することもできず、経理の有能な才能を持ちながら、その企業を終えるのです。

経営陣でなくても、社会人となれば、当然酒の席には十二分な配慮が必要となるはずです。しかし、社会通念上言い訳などできないのが、そのひとの置かれた立場です。

すでにその立場にいる人は、お酒の立ち振る舞いは弁えていると思いますが、参考までに、江戸時代にあった武士道精神を巧みにとりいれた味わい深い酒宴を一部要約し紹介します。

文化一二年（一八一五）に開催されたその酒宴は、士農工商のトップの身分・立場である武士の礼儀作法の心得、精神修行の場とした武士社会ならではの酒に対する姿勢、酒の道です。

●武士の酒宴、無礼講はご法度と題して、「廻り盃」。

中略――

まず、大広間に御膳と小盃が左右二列に向かい合って配られる。主人は座主《ざす》と呼ばれて、両列の最上座中央に客を見下ろす具合に座り、客は互いに向き合った状態で膳の前に着く。座主は左右に御饗《おあえ》と称する武士二人を従えているが、その役目はその主人になりかわって客と盃のやり取りをする役目なのだ。

いよいよ武士たちによる廻り盃が始まる。まず、左右二つの大盃には御饗によって酒が満たされ、「盃下ります」と言うと、上座から下座に向かって盃が下がっていく。もちろん、客一人一人が上から来た酒を飲み下に回す。一番下までいくと、今度は「上り盃」、または「上げ酌」といって、下から上に再び飲み回されながら、大盃が上がっていく。

「下り盃」と「上げ酌」が一通り終わると、次は小盃を使い本式の酒盛りが流儀にのっとり繰り広げられる。御饗は主人に代わって、客一人一人と小盃を酌み交わし、客同士による献盃、返盃の儀を取り持ち、それが終わると次は「競り盃」といって、客同士が厳かなうちにも気品に満ちた盃のやり取りが行われる。

――中略

さて、いよいよこの集団酒宴もお開きとなる。座主がその日の感想や反省点などを語り、さらに参会者に丁重な礼を述べて終わるのだが、その間約二時間、だれ一人として姿勢を崩さず、ピンと背筋を伸ばして正座を決め込んでいた割には苦痛の顔は一つもないばかりか、酔ってはしゃぐ者とか大声を出す者など皆無であったという。

小泉武夫著書『食に知恵あり』（日経ビジネス人文庫）より

このような武士の酒宴は、無礼講はご法度でより一層の連帯感を高めることが必要であった武士の酒の道でもありました。

しかし、いくら身分が高い武士とはいえ、このような酒宴がいつもあっては大変なことだと思いますが、こういう意味のある酒宴も武士にとっては大切な行事の一つだったのでしょう。そう、武士とはそういう立場だったのです。

あくまで参考までに、武士の立場を紹介しましたが、会社の上の立場にいる人たちには、歴史が語る武士の作法「酒の道」を内に秘めたる酒の礼儀として、立ち振る舞うことも一考かと思います。

さて、経営陣の立場で参謀に徹し、人間味を豊かにし、礼儀を弁える人物であれば、自ずと誰からも信用を得ることができるはずです。そして、今いる立場の職責を全うしたなら、そこから生まれてくるのは、ひとからの信頼です。それは経営陣として、地位や過信に過ぎない上から目線の一方通行の信頼関係ではなく、今まで培ってきた下積み時代から積み上げてきたもの、双方向の信頼関係です。

最後に人間関係で一番大切なその信頼を築き上げた冒頭に紹介した二人、国の指導者チャーチルとモンゴメリー元帥の第二次世界大戦を終結させる記録を紹介します。

チャーチルが、ライン河（ドイツ）の強襲渡河戦という意義深い戦闘に訪れ、モンゴメリー元帥の第二十一軍集団司令部に滞在し、軍の指導者である元帥の署名帳にみずから記した内容、第二次世界大戦が終わりを告げた年、１９４５年3月26日の記録です。

ライン河とそのすべての要塞《ようさい》とは、第二十一軍集団の背後にある。これらは再度にわたりおびただしい大軍の通過する要所であった。これらは再度にわたり、これを保持せんとする者の精神と適切なる手段とがなければ物的障害も無効であったことを証明した。先ほどまでヨーロッパの支配者であった敗敵は、追撃者の前に敗走しつつある。誇り高き誠実なる統率の下に、善戦敢闘する遠征の諸士が、勝利の彼岸に達するのは、間近であるのは疑いもない。闘志に燃ゆる諸士よ、最後の勝利に向かって進め。

ウィンストン・S・チャーチル

B・Lモンゴメリー著　高橋光夫・舩坂弘訳『モントゴメリー回想録』(読売新聞社)より

(注)この書名は〝モントゴメリー〟と表記していますが、本書ではモンゴメリーと表記します。

あえて首相チャーチルが元帥の署名帳に記したことばは、そこにあるのは、期待と信頼という重さだと思います。時代は変わっても絶対変わらないもの一つ、それは歴史が語るように双方向の信頼です。

なぜなら、その信頼こそが、最高の援軍となるのですから。

第3話

理解してください

――会社の経営数値を

財務三表の中心となる貸借対照表は、過去からの積み重ねです。
創業者が自ら築き上げてきたもの、
それは裸一貫で積み上げた重みなのです。

30代後半にある企業の社長室に配属された時、日々、代表者の決裁印が必要な書類がぼくのデスクに届き、その書類をトップへ届け捺印等をいただくのが日々のさりげない業務の一つでした。現代では、すでに電子決済システムを導入している企業も多くありますが、それはそれとして、その書類には決裁文書、契約書、稟議書等もあり、その立場で特に気になったのは、会社全体の数値の書類です。

その経営数値については、にわか知識で、P／Lとか、B／Sを覚えたのは確かですが、その数値とちゃんと会話ができるかと問われると、当時は日常会話程度のものでした。そこで、「経営分析」の講義を探し出し、受講したのです。

それは公認会計士の講義で、冒頭に先生は、こう切り出したのを今でも覚えています。「経営分析の内容は、一度では覚えられません。それは、子供の頃にお母さんから聞かされた子守唄と同じです。何度も何度も聞かされて覚えるもの。だから、わからなければ何度も聞いて理解してください」と。

その時に推薦された内川清雄編著『斜めに読むだけで「経営分析」がしっかりわかる本』（1988年㈱かんき出版）を手元に、その内容をもう一度思い起こしながら、最近出会った國貞克則著『新版　財務3表一体理解法』（2021年朝日新聞出版）を頼りになる援軍として、話を現場目線で進めます。

経営の柱となる財務三表をもうすでに理解している方も、この項は子守唄だと思って聞いてください。事業計画を作る考え方も含めてシンプルに進めますが、説明を分かりやすくするため、図解を多く使用しますのでご理解ください。

まずは財務三表の結びつき ―― 密接な関係から

会社の健康状態を知る基準は、ひとそれぞれですが、なにを重視するかによって答えが変わってくると思います。しかし、財務諸表のうちで「財務三表」と呼ばれている、損益計算書、貸借対照表、キャッシュフロー計算書をもとにして、その数値を分析するのは間違いないはず。そして、この三表は、お互い信頼できる友のように見事に結びついています。

財務三表の特徴

一定期間における「収益（売上）」と「費用」とその差額の「利益」を表すのが「損益計算書」です。その一年ごとの区切りの時点における「資産」と「負債」と、これらに差額である「純資産」の状態を表わしたものが「貸借対照表（バランスシート）」です。そして、その期間の現金預金の動きを表わすものが「キャッシュフロー計算書」です。この三表の密接な関係を描くと次のようになります。

損益計算書は、一定期間の「売上、費用、利益」を表すものですから、その期間活動した結果を表す営業成績、つまり「いくら、儲かったか」です。

貸借対照表は、会社の財産状態を表していますので、簡単にいえば、「どこからいくらお金を調達して、そのお金をどのように運用しているか」を表わすもの。三月三十一日決算の場合、前年の四月一日から「一年間の活動の結果、三月三十一日で会社にこれだけの財産がありますよ」というものです。

三表の関係（会計期間１年間）

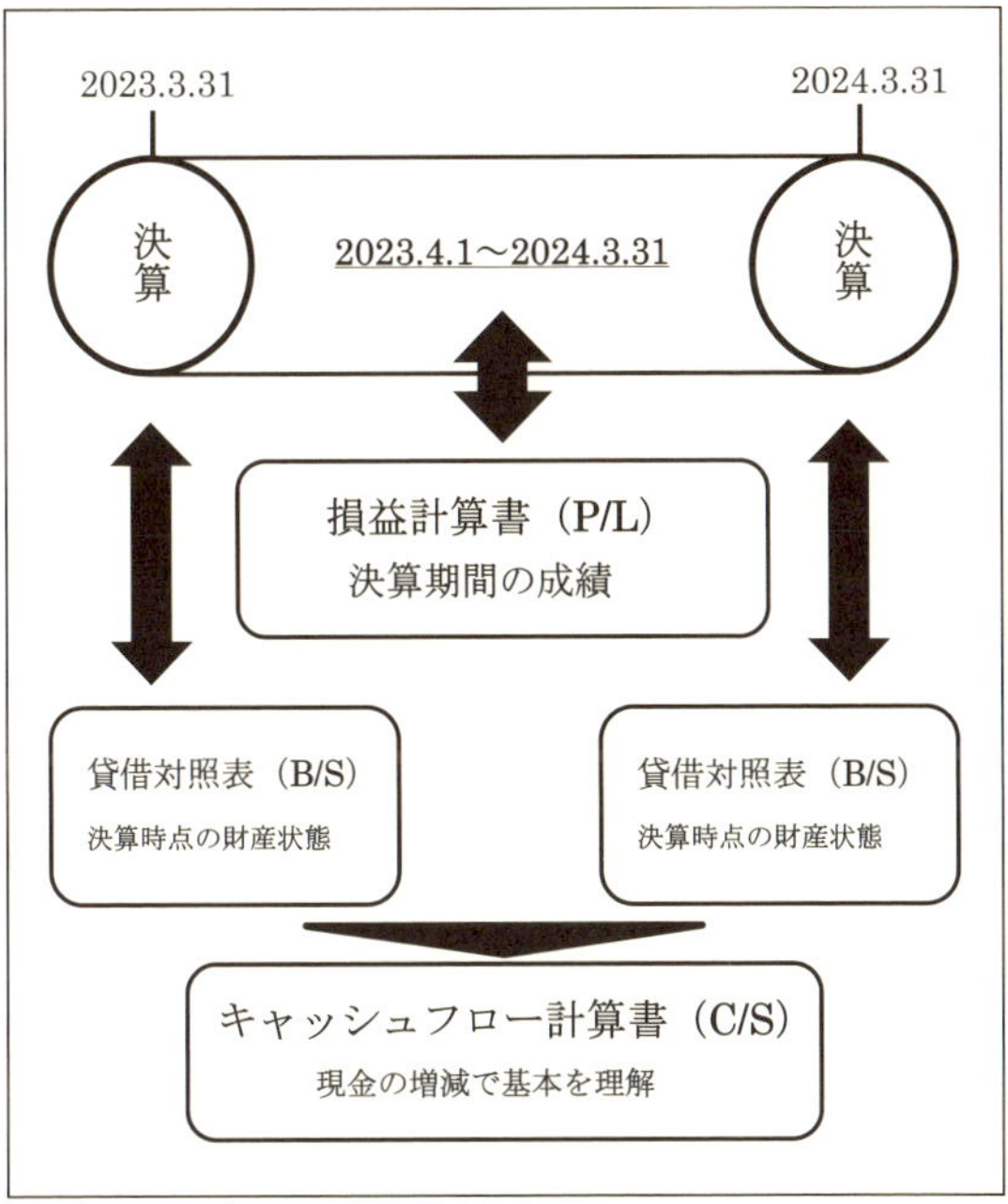

つまり、この二つの「決算書」の主となる働きは、一年間で会社がいくら儲かったのか。

その結果、財産がいくらになったのかを示すものです。

キャッシュフロー計算書は、〝現金〟がその期間で増減した理由を可視化する財務諸表です。つまり、現金の収支は預金通帳にはっきりと記入・印字されるので、「現金は現実なり」といわれるように、会社の現実を表現しているものです。その現金ですが、「会計」では、〝現金〟の意は、手持ち現金のほか、当座小切手、銀行預金など、直ちに支払手段となる貨幣を総称として現金（キャッシュ）と表現し、広義の現金を意味します。

そして、この三表は、それぞれ運営上大切な役割を担っていますが、その中心となるのは貸借対照表でしょうか。損益計算書とキャッシュフロー計算書は、貸借対照表を補完するための財務情報で、会社の現実を表現しているのは、キャッシュフロー計算書になるはずです。

一般的に数字を稼ぐ部門の管理職の立場では、一年間の営業結果である「損益計算書」がその職位の評価に繋がる大切なものです。しかし、経営陣となると立場が違う訳ですから、この三表の繋がりを把握して、経営をしなければならない立場です。

いいかえれば、この三表が経営陣の評価表ともいえると思います。

損益計算書の構造 ―― P／Lには、五つの利益がある

損益計算書をP／L（ピーエル）と略記しますが、Profit（利益）and Loss（損失）Statement の略称です。その目的というのは、企業会計原則によると、「損益計算書は、企業の経営成績を明らかにするため、一会計期間に属するすべての収益とこれに対応するすべての費用とを記載して経常利益を表示し、これに特別損益に属する項目を加減して当期純利益を表示しなければならない」と定めているようですが、つまり、端的にいうとその目的は、「儲かったのか、損したのか」を表したものです。

P／Lの構造をシンプルに考える

損益計算書は、会社の一定期間、一年間の営業成績です。その間の総売上、費用、利益の明細が次の図のようにまとめられています。

損益計算書の一番初めにくるのが「売上高」。売上高の次にくるのが「売上原価」。これは、その期の売上げをあげるために仕入れた商品の原価です。そして、一番目の利益である「売上総利益」です。売上高から売上原価を引いたものです。現場でいうと「粗利」です。

　売上総利益の下に「販売管理費及び一般管理費」がきます。現場でいう「販管費」と略して言い、または「営業経費」が一般的な言い方です。本業に係わるすべての経費がここに入ります。現場の人件費などは当然で、会社が大きくなって、総務、経理という本社部門ができても、そこで働く人件

損益計算書（P/L）

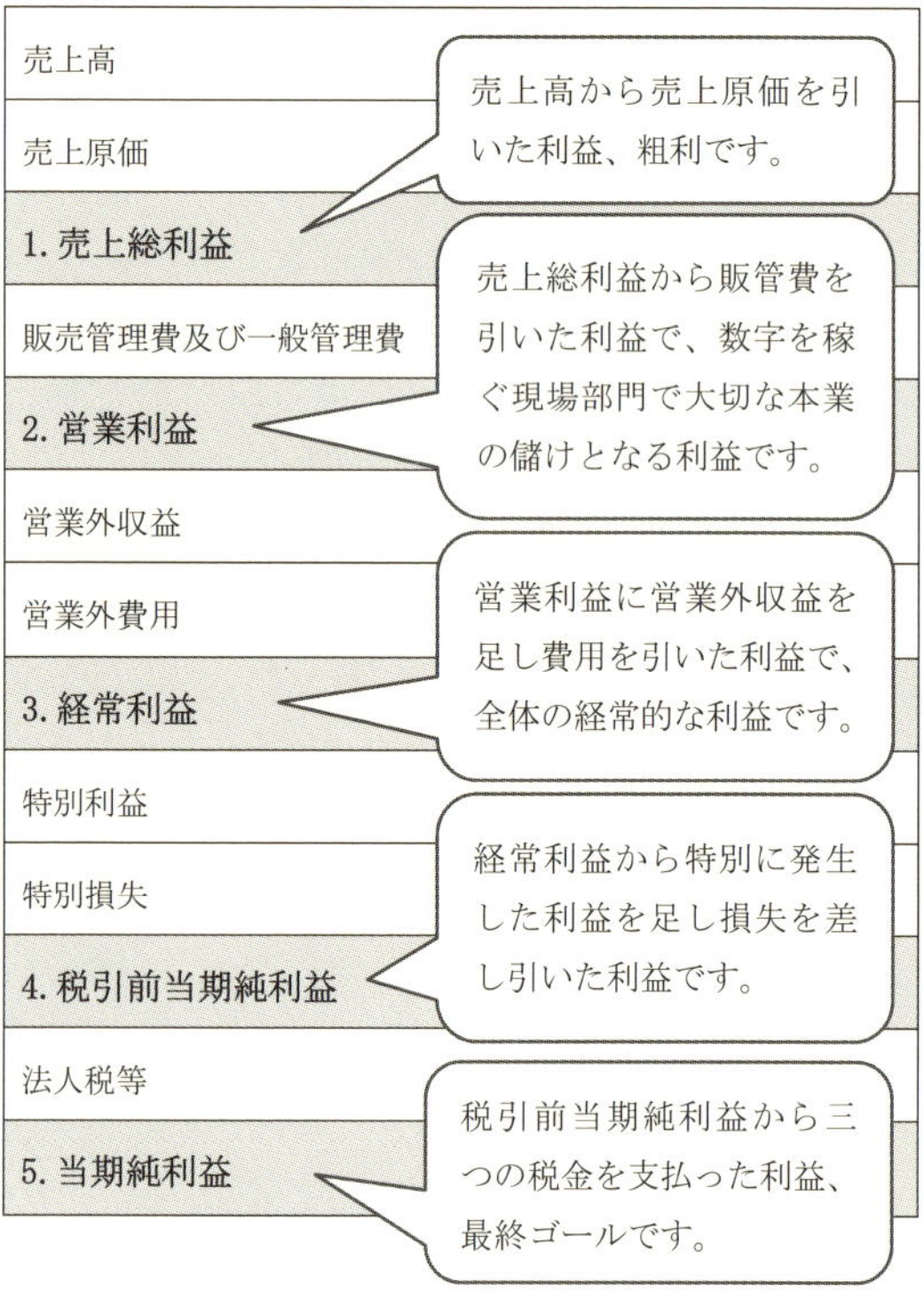

売上高	
売上原価	
1. 売上総利益	売上高から売上原価を引いた利益、粗利です。
販売管理費及び一般管理費	
2. 営業利益	売上総利益から販管費を引いた利益で、数字を稼ぐ現場部門で大切な本業の儲けとなる利益です。
営業外収益	
営業外費用	
3. 経常利益	営業利益に営業外収益を足し費用を引いた利益で、全体の経常的な利益です。
特別利益	
特別損失	
4. 税引前当期純利益	経常利益から特別に発生した利益を足し損失を差し引いた利益です。
法人税等	
5. 当期純利益	税引前当期純利益から三つの税金を支払った利益、最終ゴールです。

費等もすべてこの販管費に入ります。ただ、製造業などの会計では、工場で働く工員さんの人件費などは売上原価に入れるというのが、会計の決まりとなっているようですが、それはちょっと難しい分野になりますので、本書ではあくまでシンプルに考えていきます。

販管費の下にくるのが、二番目の「営業利益」です。本業で儲けた利益です。現場の責任者が上の方々から、常に売上げと連動して、求められる数値、この目標が達成できなければ、会議で反省が付き纏う数値です。営業利益の下には、「営業外収益」と「営業外費用」がきます。この項目は、本業の営業活動以外の収益の意味ですから、お金を金融機関に預貯金した場合の「受取利息」などが入ります。逆に借金をしていれば、「支払利息」が発生しますので、営業外費用に入ります。

営業利益に営業外収益を足して、営業外費用を引いたものが、三番目の利益である「経常利益」です。一般的に「ケイツネ」と呼ばれるものです。

続いて、経常利益の下には、常日頃、経常ではない「特別利益」「特別損失」です。その特別とは、その事業年度だけに「特別」に出てくるという意味です。たとえば、会社が土地をもっていて、それを売却して利益が出たとすれば、それが特別利益になり、リストラして、割増退職金を支払えば、費用として特別損失に計上されます。

経常利益にこの特別利益を足して、特別損失を引いたものが、四番目の「税引前当期純利益」になります。読んで字のとおり、税金を計上する前の当期の利益です。

この税引前当期純利益から法人税などの税金を差し引いたものが、最後の五番目の利益、「当期純利益」です。

損益計算書をシンプルに説明すると以上になります。「経常利益」「特別利益」などについては後ほど補足しますが、まずここで最初に理解してほしいのは、上場企業などが作成する決算書には、「財務諸表規則」があり、貸借対照表(B/S)に関する勘定科目は、(資産や負債・純資産)は、この規則でかなり細かく規定されており、中小企業もこれに準じています。しかし、P/Lの勘定科目については、あまり細かく規定されておらず、基本的に自由なのです。でも、自由といっても、その勘定科目を見てある程度理解できるものが必要ですので、各企業が、数字を稼ぐ現場用に独自のP/Lのフォーマットをつくり、毎年の事業計画に役立てるのが一般的です。これは、現場の事務的煩雑性をさけるためにも必要なことです。見方を変えれば、経理部門が現場の事務的業務を簡素化し、月次結果をいち早く現場にフィードバックするシステムを構築しているのです。

現代のように優れた会計ソフトがある時代には当たり前かもしれませんが、当時は経験から最も早かった企業で七日以内に、前月の実績数値が現場にフィードバックされました。もちろん、現場の責任者は、その数値を見据えて仕事に取り掛かる訳ですから、そのシステムを構築した経理部門は、強力なサポートをしている訳です。現場を陰で支える縁の下の力持ちです。その業務がいかに現場を支えているかを、P／Lの構造の話の途中ではありますが、説明します。

P／Lの費用分析を事業計画に活かす

一般的に企業では、次年度の事業計画を作成するには、時期として前年の十二月位からその部門の責任者が、本社（経営陣）の指示のもとにつくり始めます。通常、過去三年間の実績や特に前年実績を分析し作成すると思いますが、しかし、費用については、前述したようにその企業独自の現場にあったP／Lのフォーマットを経理部門で作成し、現場に落とし込んでいます。

経験からお話をすると、五つの企業のうち、三社が独自のものです。その基本となる考え方は、まず全部門で統一されたフォーマットを使用する訳ですから、非生産性部門となる経理部門、総務部門なども同様に作成するのです。但しその二つの部門の収益はゼロ計上で作成し、費用のみ計上されます。費用となる勘定科目は、企業に違いが出てきますが、通常経理部門のP／Lでは30項目ぐらいになると思います。その勘定科目の人件費部分などをエクセルシートに利用し定型化する方法があります。次の仮の組織図をもとに特に人件費分野について説明します。

この仮の組織で、経理部門では、すべての職位（部長・課長・社員・契約社員）の各職位の一人当たりの平均人件費を算出します。その平均人件費とは、前年度の実績と今年度のベースアップも含んだ見込み人件費を算出し、その数値をエクセルでブラインドシートを作成しその数値を落とし込み、それは、各部門の事業計画の人件費作成の基本数値となるものです。現場では、与えられた事業計画作成の数値様式にそのエクセルシートに連動した別のシートに

【シンプルな仮の組織図】

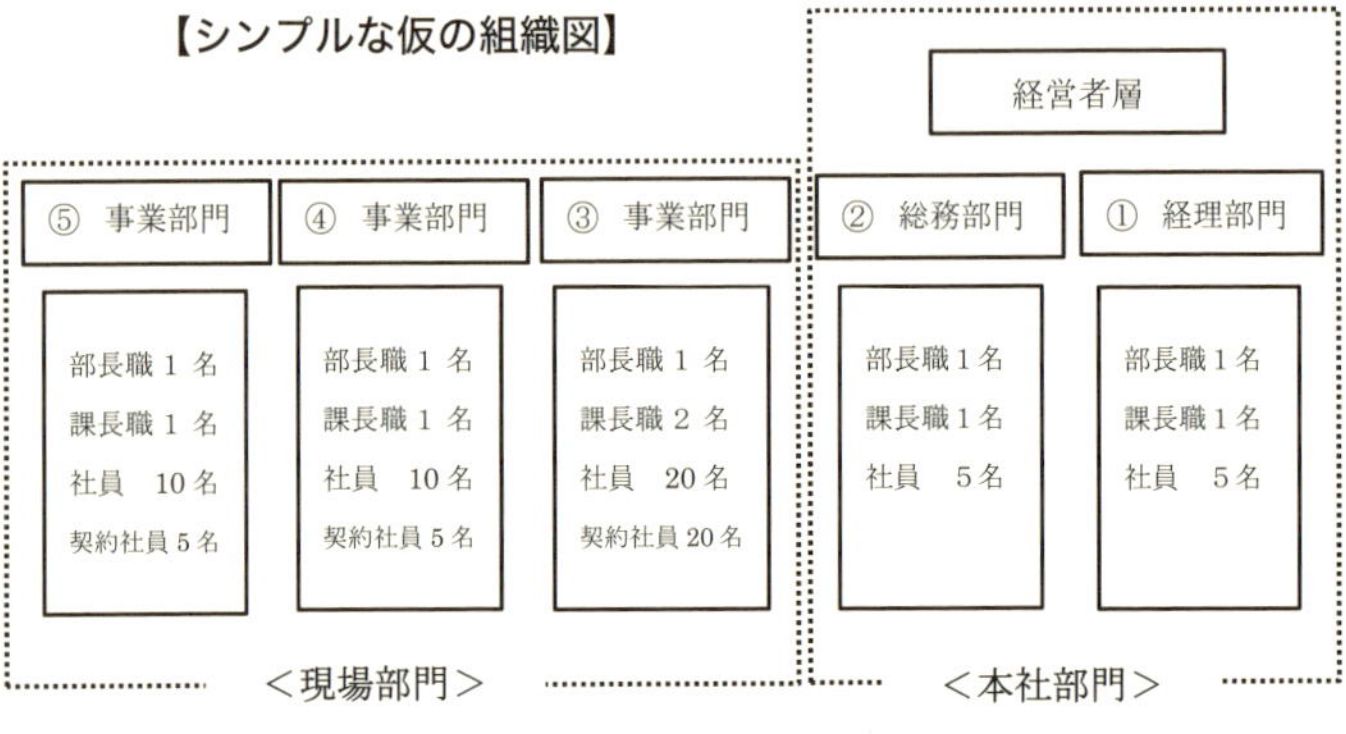

その職位の人数だけを投入すると、自動的にその平均数値が反映されその職位の人件費計算が表示される仕組みです。

現場の責任者（部長）は、自部門の人員体制から人数を毎月投入するだけで現場にかかる年間人件費総額を明確化し、人件費にかかる費用の重要性を現場に落とし込む考え方です。その企業が人件費をどう読みとるかで、この数字が違ってくると思いますが、あくまで、勘定科目の捉え方です。

というのは、その人件費には直接貰わない人件費もあります。それは、法定福利費や福利厚生費のことです。法定福利費は、社会保険料の会社負担です。社会保険については、加入している本人もかなり負担していますが、しかし、本人以上の金額を会社が負担しています。健康保険、厚生年金、雇用保険、労災保険、これらの保険料を合計すると、給料・賞与に対して、13％程度になるはずです。この他に、社員に対する慶弔費、社員旅行の費用など、会社の任意の制度に基づく福利厚生面での費用は、福利厚生費として扱われますが、これも人件費です。再度、説明しますが、あくまで会社が人件費をどう捉えてその仕組みに取り入れるかです。

もし、年度途中で退職者が出た場合、収支を勘案して補充するか否かはその現場の責任者の考え方次第となるのです。

また、経営層の人件費（報酬）は、本社管理費とか、本社維持費の名目で、各事業部に売上げ（利益）等を勘案し、按分する方式です。仮の組織図で示したように全部で五部門が同じフォーマットP／Lで作成し、次年度の目標に向けた経営会議を実施して調整を図るやり方です。組織として、各部門の数値の共有を図るのです。

この作成方法は、現場にあった理解しやすいものですが、現場の責任者が、この作成された目標数値（予算）をどこまで社員に落とし込むかは、その企業によって違うと思います。おそらく管理者層（課長職）までが一般的な考え方です。

また、ついでといってはなんですが費用項目の中に減価償却費の項目がありますが、他の経費と大きく異なることがあります。減価償却費は、〝流出しない費用〟ともいわれ、現金の支出を伴わない費用です。なにか儲かったような気がしますが、実はそうではないのです。固定資産として、最初の購入段階で資金を支払った時には経費ではないとされているのですから、単に後から経費として計上されるだけの話です。なお、固定資産となるものは、価値が減少しますので減価償却の対象となりますが、土地だけは、費消しないので減価償却の対象外となるのです。

現場目線での事業計画の数値目標を作成する時にP／Lを活用する話となりましたが、話をもとに戻しますが、その構造で算出される営業利益は、あくまでその会社の本業である仕事、その営業利益です。現場のみならず、全部門の社員全員で稼ぎ出す大切な利益なのです。

次は、その大切な利益区分からです。

「営業利益」以外の四つの利益

会社の本業である仕事の利益は、営業利益です。しかし、会社がお金を銀行に預けたり、あるいは証券投資した場合には、銀行に預ければ利息がつき、証券投資すれば株主配当金や社債利息を受け取ることができます。このような本業以外の収益を「営業外収益」といい、銀行からお金を借りたときに支払う支払利息、社債、手形の割引料などは「営業外費用」といいます。要するに、財務上の資金の貸借である収益や費用は、営業上の収益・費用と区別して、営業外収益、営業外費用として取り扱うのです。

営業利益に営業外収益を足し、営業外費用を引いた利益が「経常利益」です。

この常日頃、普通に発生する損益を計算した経常利益は、P／Lの分析の中で非常に重要視される利益の一つです。その経常利益のあとに、臨時的に発生する損益を纏めているのが、

「特別利益」と「特別損失」です。具体的には、

●固定資産（不動産など）の売却損益
●長期間保有している株式等を売却した時の損益
●役員保険金の受取
●役員退職金
●風水害、火災などによる損失

などが入りますが、あくまで臨時的な損失を意味します。

そして、先に説明したように経常利益にこの特別利益を足して、特別損失を引いたものが、四番目の「税引前当期純利益」になります。読んで字のとおり、税金を計上する前の当期の利益です。

この税引前当期純利益から法人税などの税金を差し引いたものが、最後の五番目の利益、「当期純利益」です。そのあくまで利益に課せられる法人税などの税金というのは、

●国税としての〝法人税〟
●地方税としては〝住民税〟と〝事業税〟

この三つです。

税金としては、販管費のなかに「租税公課」という勘定科目があります。この科目も同じ税金ですが、この税金は〝固定資産税〟〝都市計画税〟〝自動車税〟などで、利益に課せられる税金ではないのです。

最終的な利益となる当期純利益の前に課せられる三つの税金ですが、それは「税引前当期純利益」に対して、なんと40％程度が税額となります。とくに創業者であるオーナーは、許されるなら払いたくない数字です。だから、いろんな知恵を絞り出すのだと思います。

ここまで、P／Lをシンプルに説明してきましたが、その目的は会社の利益（儲け）を計算するものです。当期純利益が最終ゴールです。

続いては、貸借対照表と話を進めたいところですが、数値の話というのも誰しも多少疲れが出てくるものです。この辺で一息ということで、税務署で働いている叔父さんの話を聞いてください。税務署と聞けば、あまり印象が良くない方々もいらっしゃると思いますが、コーヒーブレイクのつもりでお付き合いください。当時叔父は、40代後半で地位のある立場、自宅へ遊びにいった時の叔父の話です。

おい、話を聞いてくれ！　と、自慢げに――

実はこの間、8億の脱税を摘発したんだ。その会社に行ってよ、社長と経理部長、そして公認会計士がいたな。脱税の根拠となることを説明したら、公認会計士が突然話に入ってきて、毅然とした態度で、あーでもない、こうでもないと言い始めた。それも偉そうにだ。だからその公認会計士に聞いてやったよ。

「この件をあなたは知っていましたか」って「もし、あなたがこのことを知っていたなら、会計士の免許を剥奪されますよ」って。すると相手は、少し考えてから、「いえ、知りませんでした」と答えたよ。私は、すかさずいったね。「あなたが知らないなら、同席する必要はありません、離席してください」とね。当然、相手はいなくなったね。してやったりだ。それから、目の前にいる犯罪者を理攻めですよ〜。

ところがだ、聞いてくれ。8億の功績を挙げた会社（税務署）からの報酬はというと、ちょっとソファーから離れ、戸棚の中から取り出したのは、一本の万年筆。これが、8億の万年筆だ。う〜ん……。叔母さんはというと、台所で薄ら笑い…。

それから、三ヵ月後、また8億の万年筆の自宅へ遊びにいったら。今度はこんな話を。

先週、冷蔵庫を買いに行ったんだ。たまたまそこの電気屋さんは、若い時の税務署の管轄だったもんで、店主は私を覚えていたんだな〜。久しぶりですってな感じだ。まっ、それはそれとして、やはり、女房が欲しそうなもんは、高い！　と思っていたところ、その店主は、「あっ、それね、新品だけど、売れないから、そろそろ、中古品にしようと思ってたんですよ！」そういうんだもの、思わず聞いたね。中古ならいくら？

「半額ですよ」

勢いで、「買った！」と。もちろん、領収書には、但し書きに中古品と一筆添えてもらったけどね！

その話をそばで聞いていた叔母さんの笑顔といったら、三ヵ月前の8億の笑いとは違い、満面の笑顔で嬉しそうに輝いて見えました。伸び盛りのお子様が二人、8億の価値より、実用性があるものが一番な冷蔵庫がその時の微笑みだったような気がします。税務署で働く、ユニークで人間味がある叔父の話です。

さて、話を戻して次は貸借対照表、その世界からです。

貸借対照表の構造 ―― B／Sは「財産」と「借金」の一覧表

貸借対照表をバランスシート（Balance Sheet）、略してB／S（ビーエス）と呼びますが、会社の資金構造を可視化するために作成し、その目的は、二つです。

●会社の財務内容の健全性、または安全性を確かめるもの
●運用した資金を有効に活用しているかを確かめるもの

つまり、その会社の健康状態を知るものです。

B／Sの構造をシンプルに考える

貸借対照表は、会社の営業年度終了時点の財政状態を示す計算書で、要は会社の資金状態をあらわしているものです。その計算書もまずシンプルに考えてみます。

B／Sは、収支の予定表でもあり、お金をどのように調達し、どのように運用したかの結果です。そして、その仕組みは、次のように三部構成で表わし、左側にあるのが、会計の世

界では資産と呼び（財産の意）、右側にある返済が必要なものを「負債」、返済が不要なものを「純資産」と呼びます。

調達された資金は何らかの形で運用されていますので、資産と負債＋純資産とは必ず一致します。よく巷で、入社したての若い社員が、「うちの会社は、資産（財産）があるから大丈夫なんだ！」という話を聞いたことがありますが、負債（借入れ）を把握されていてのことだと思いますが、もしも同じぐらいの負債があったら、そうは言いきれないと思います。

貸借対照表（B/S）の仕組み

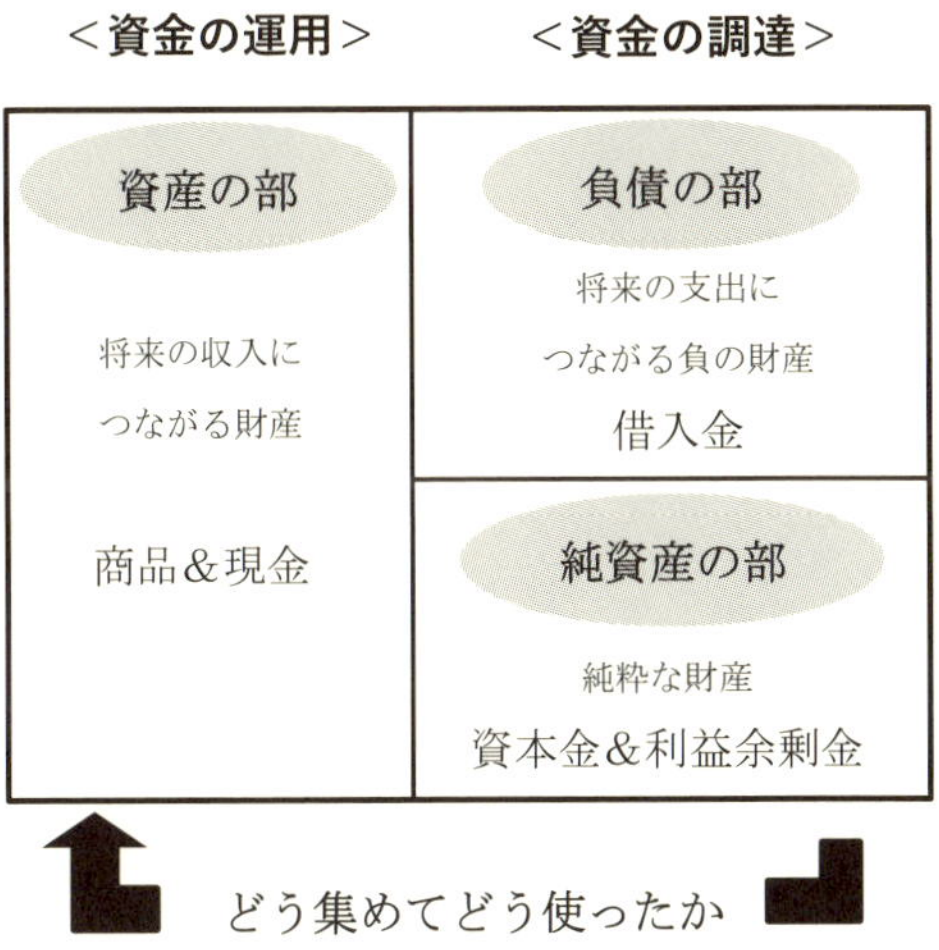

資産が多いことは良いことかもしれませんが、業種により一概には言えないはずです。資産には適正額というのがあって、だいたいの適正基準がありそれは、「総資本回転率」と呼ばれる算出方法です。それは、B／Sから会社の収益性、資金効率を分析する経営指標とさ

れるものです。その経営指標については後ほど説明しますが、まずB／Sを少し掘り下げてその仕組みからです。

B／Sを経営分析に活かす

B／Sの右側が資本の調達元、左側が資本の運用先を表しています。つまり、おカネをどこから持ってきて、どんなふうに使ってしまったかを正直にいっている一覧表です。

まずは、次の図にある右側「負債・資本」です。負債は「流動負債」と「固定負債」に分けられます。流動負債は、支払手形や買掛金などの仕入債務、一年以内に返済予定の短期借入金、賞与引当金を初めとする負債性

負債と資本の中身

負債	流動負債	仕入債務
		短期借入金
		引当金
	固定負債	長期借入金
		社債
		引当金
資本		資本金
		法定準備金
		余剰金

引当金などから成ります。

次に「資本」（自己資本）を構成する科目。資本のおカネは、まさに自分のカネです。自己資本は、「払込資本金」「法定準備金」「余剰金」から成ります。

余剰金は、法定準備金のように法律で強制された積立金ではなく、会社の自由意思で積み立てるおカネです。この余剰金は、すでに積立の終わった「任意積立金」と、処分の決まっていない「未処理利益」から成ります。

資産の部を大別

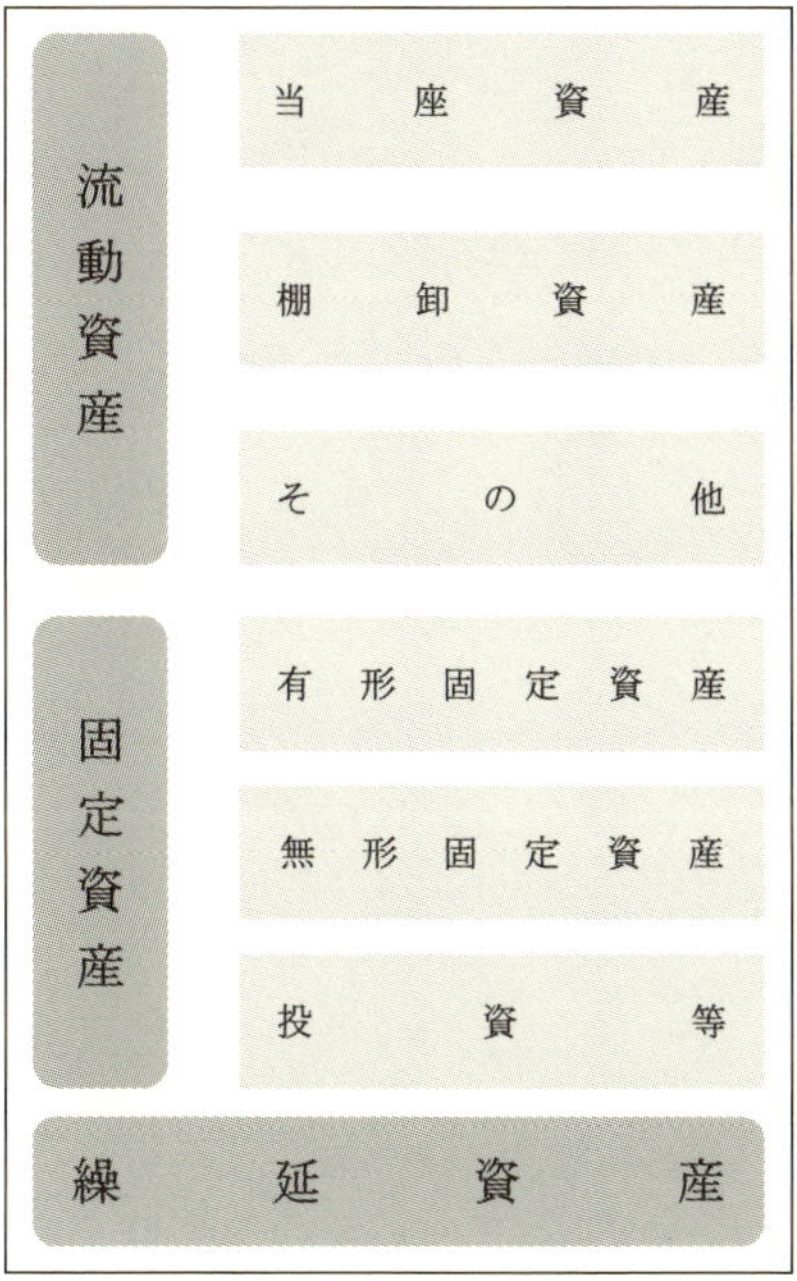

続いては左側です。「流動資産」は、一年以内に現金化する資産で、この流動資産は、大きく当座資産と棚卸資産とその他貸付金や仮払金に分けられます。製品とか原材料は、一年以内に現金化しますが、実際には販売しないとお金にならないので、このような「売らないと現金化しない流動資産」が棚卸資産です。その中身はというと、図には明記していません

が、現金化するスピードが速い順番に並び、最初に現金預金、次が受取手形と売掛金の順です。安全性でいうと、現金預金が最も安心といえます。この売上債権（受取手形・売掛金）もかなり現金化の速い資産ですが、回収されなければ意味がなく、いくら売上債権の額が多くても、その中に不良債権があったり、回収サイトの長いものがあったりしたのでは、とても資産とはいえないと思います。要は中身の良し悪しが大きなポイントになるはずです。

つぎは、「固定資産」です。これも「有形固定資産」「無形固定資産」「投資等」に分けられます。「有形固定資産」は文字通り〝形のある〟資産です。土地や建物、機械・装置、車両、工具、備品などが含まれます。これらの資産のうち土地以外は、使用年数に伴って資産価値が減っていきますが、その減り具合を処理する会計手法が「減価償却」です。減価償却とは、その資産を取得するのに要した費用を、耐久年数の間に費用化することです。たとえば100万円で買った機械の価値は毎年目減りし（この目減り分が減価償却費）いつかはゼロになります。

なおここで注意すべきことは、これらの資産は〝取得価格〟で表現される点です。そのため土地などの〝含み〟については決算書にはあらわれません。10年前に100万円で買った土地は、実際はたとえ1000万円で売れるだけの価値があっても、決算書の上ではずっと

100万円です。これが「取得原価主義」という会計原則です。

続いて、「無形固定資産」ですが、その言葉のとおり、この固定資産には形がありません。つまり、特許権とか借地権などがそれにあたりますが、実体がないだけに管理も大変です。実体がないといっても、重要度からいうと土地・建物以上ということもあり、特許権の管理を怠ったために大切な情報が社外に流出した例は、けっこうあるようです。

「投資等」は、投資有価証券、長期貸付金、子会社株式などです。この中身は、あまり事業に関係ないものが中心です。ただ最近は「財テク」という言葉が流行語になっているように、本業以外で資金運用を行い、営業外の収益を稼ぎ出すことを目的としている会社もあるようです。

なお、資産の部の最後にある「繰延資産」は、資産というよりむしろ、費用を繰り延べて一定期間で償却しようというものです。開業費、創業費、開発費などが含まれます。

さて、ここまでB／Sの大ざっぱな中身を説明しましたが、どういう訳か、おカネは、右から左へ流れるものです。

そして、このB／Sを活用して、経営分析に係わる経営指標を覚えることだと思います。

ぶ厚い経営分析のテキストには、××比率、○○回転率など、100近い指標が胸いっぱいに並んでいますが、個人的な見解でいうと、精々覚えられても三つ、頑張っても五つが限度のような気がしますが、ここでは三つとします。

●総資本回転率 —— 資金効率がわかる。
●自己資本比率 —— 財務体質がわかる。
●流動比率 —— 支払能力と信用度がわかる。

総資本回転率とは、その企業の特殊性によっても異なりますが、その企業の資産の適正基準となるもので、資金効率がわかるものです。会社はいろいろな資産を所有していますが、その資産の合計を「総資産」、B/Sの右側、つまり負債と純資産の合計は「総資本」と呼ばれ、総資産と総資本の金額は同じで、総資産でも総資本でも同じですが、一般的には、売上高（年間）と総資産（総資本）との割合を「総資本回転率」と表現します。総資産の適正額は、総資本回転率で評価するのが基本的な方法です。

【公式】売上高（年間）÷総資産（総資本）＝総資本回転率

大企業や中小製造業では、基準とされているのは一から二回転、中小の小売業では一・五〜二・五回転が標準といわれています。

二つ目の自己資本比率とは、総資本のうち、返済不要の自己資本がどのくらい占めているかを示した比率です。高いほど良いとされ、財務体質がわかるものです。

【公式】自己資本÷総資本＝自己資本比率

利益（利益余剰金）はすべて株主のもの、と考えると、純資産（自己資本）はすべて株主の持ち分です。株主の持ち分は基本的には返済不要ですので、自己資本比率の高い会社は安全な会社といえるわけです。あくまで目安としての合格水準は、通常30〜40％だといわれています。

三つ目の流動比率とは、企業の流動性（支払能力）を示す代表的な比率です。流動負債は一年以内に返済すべき債務、流動資産は一年以内に現金化できる資産ですから、当然、流動資産の多い会社の方が、支払い能力があります。

【公式】流動資産÷流動負債＝流動比率

この流動比率は、B／Sの分析の中で、最も重視される比率の一つです。一般的に200％が理想といわれるようですが、通常は、130〜150％程度が多いようです。この流動比率は、企業の支払い能力の判定基準となるものです。つまり、信用度につながるものです。

キャッシュフロー計算書の構造 —— C／Sは会社の会計簿

キャッシュフロー計算書をC／Sと略記しますが、Cash Flow Statementの略称で、収支計算書です。会社の現金の出入りを表わしたもの。つまり、本質的には、会社の家計簿です。このC／Sですが、上場会社等の有価証券報告書を提出する必要のある会社に対しては、2003年3月期から提出義務があり、中小企業には提出義務はないのです。

しかしながら、当面は関係ないかもしれませんが、経営には大切な考え方です。その重要性から、会計の専門家の著書では、その説明に20ページから30ページを要しており、そのC／Sを説明するには、かなりの時間が必要なため、ここでは、基本的な構成だけを、最もシンプルな形での説明とさせていただきます。

C／Sの構造をシンプルに考える

お金が回っていれば、会社はつぶれない。といわれるようにC／Sは、常に頭に入れておかなければならないものだと思います。会社の家計簿でもあり、健康状態を示すものです。

そのC／Sは、三部構成からなるもので、現金の流れを表したものです。

1、営業活動によるキャッシュフロー
2、投資活動によるキャッシュフロー
3、財務活動によるキャッシュフロー

営業活動によるC／Fとは、販売収入や仕入支出、営業経費の支出などに関する資金の収支を表し、P／Lでいえば、営業損益までの部分に相当するものです。

投資活動によるC／Fとは、固定資産の購入や売却、投資有価証券の売買などの伴う資金の増減がここに入ってきます。固定資産や有価証券を売却した時には、資金の増加になりますが、一般的には固定資産の取得による資金の支出とな

三つの部門構成（会社の家計簿）

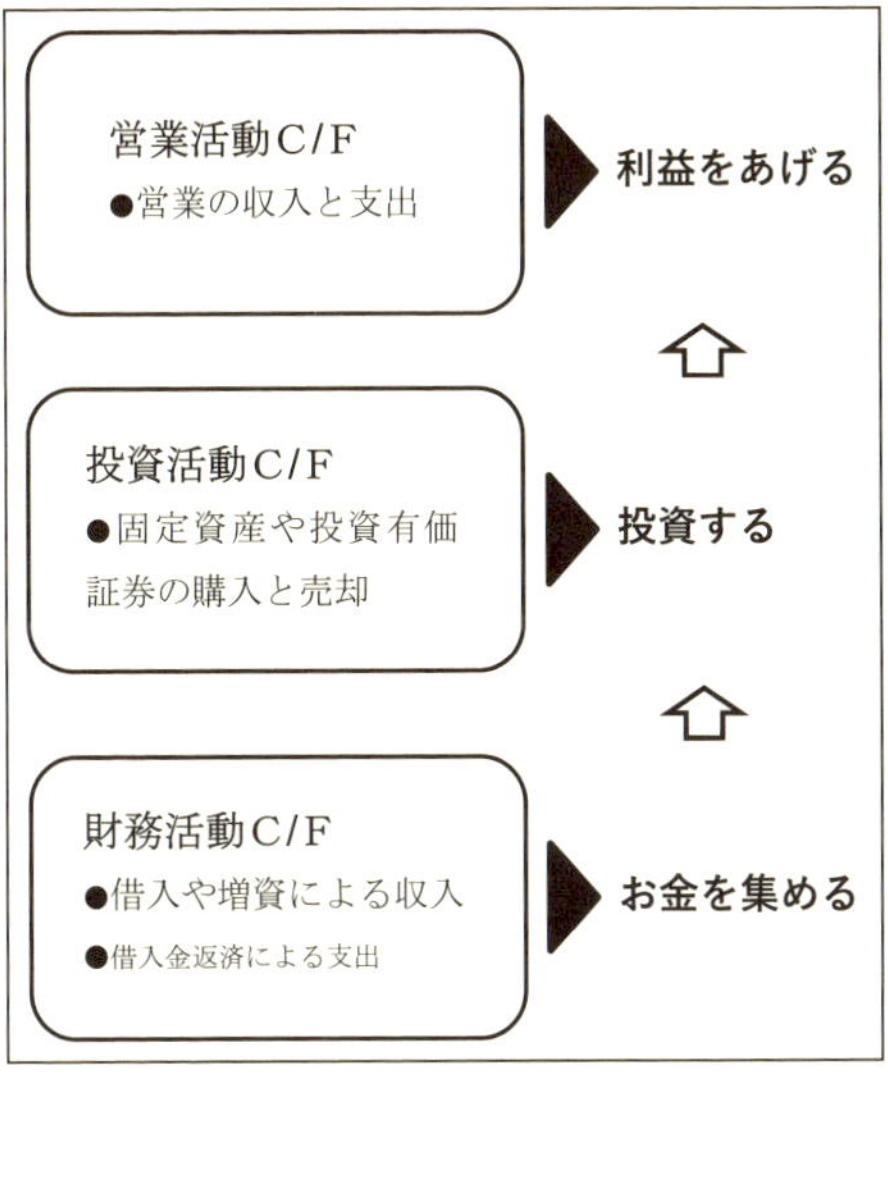

る方が多いので、支出超過になるケースの欄です。営業活動で得たC／Fが、ここでどのように使われているかを見るのが、一つのポイントだと思います。

財務活動によるC／Fとは、借入金や社債の発行や返済などの財務に関する資金の収支がこの欄に記載されます。負債の変動ばかりでなく、株式の発行による資金の調達、配当金の支払いなどもここに記載されます。

C／Sの分析から状況を把握

キャッシュはウソをつかないといわれるように、資金の動き、資金の増減という客観的事実を正直に表現している計算書類です。投資家から見れば、最も信頼の置ける財務諸表だと思います。

C／Sは、現金の出入りを表す収支報告書で、営業C／F・投資C／F・財務C／Fの三つにわかれているだけです。その三つの欄のプラス（＋）とマイナス（－）をどう読み取るかです。参考として、専門的に読み解いた國貞克則著『財務3表一体理解法』の分析結果の一例を紹介します。

C/S 8つのパターン

パターン番号	営業C/F	投資C/F	財務C/F	キャッシュフローのパターンから会社の状況を推測した一例
①	＋	＋	＋	営業活動で現金を生み出しているうえに、借入などで現金を増やしている。さらに資産を売却している。将来の投資のためにお金を集めているのだろうか。
②	＋	＋	−	営業活動と資産売却により現金を生み出し、借入の返済を行っている。財務体質を改善しようとしている会社だろうか。
③	＋	−	＋	営業活動で現金を生み出したうえに、借入などの現金を増やし、積極的に投資活動を行っている。将来の戦略も明確な積極拡大型パターン。
④	＋	−	−	営業活動で生み出した現金を、投資活動や借金の返済に充てている。潤沢な営業ＣＦがある会社だろう。
⑤	−	＋	＋	営業ＣＦのマイナス分を、資産の売却や借入などでまかなっている。問題会社の一般的なパターン。
⑥	−	＋	−	営業ＣＦのマイナス分と借入金の返済分を、資産の売却でまかなっている。過去の蓄積を切り売りして事業の継続をしている。たくさんの資産を持っている会社なのかもしれない。
⑦	−	−	＋	営業活動で現金を生み出せていないが、投資活動を行っている。営業ＣＦと投資ＣＦのマイナス分を借入などでまかなっている。現状は苦しいがよほど将来に自信があるのだろう。
⑧	−	−	−	営業活動で現金を生み出していないのに、投資活動を行い、借金の返済もしている。過去によほどの現金の蓄積があったのだろう。

この一覧は、財務のプラスとマイナスを読みとる、あくまで一般的に推測した一例ですが、まず基本構造を理解することが大切だと思います。

さて、財務三表をここまで自分なりに今まで学んだことをシンプルに説明してきましたが、財務三表による経営分析とは、その三表を材料として会社の収益力・資産内容などの経営状態を客観的に判断、分析することです。

その分析を会社の将来を担う取締役が理解し、ヒト・モノ・カネ、そして情報の経営資源を最大限効率的に運用し、収益構造をいかに強固にするのかが取締役の責務だと思います。

さらに理解してほしいのは、どの企業の財務諸表にも、社員や経営陣の資質、ひとの価値は表れませんが、財務三表の中心となる貸借対照表は、過去からの積み重ねで、創業者が自ら築き上げてきたものです。裸一貫で積み上げた重みなのです。

それは自分で事業を始め、そこからひたすら努力と失敗を繰り返し、現在の権利と権力、そして権威を勝ち取ったものなのです。

取締役の立場にいる人は、その数値の重みを理解してほしいのです。

なぜなら、それは、決して子守唄ではないのですから。

第4話

親しんでください

——経営者が学ぶ古典に

古典とは、考え方を学ぶ師であり、
その行為は、先人の知恵を学び、
冷静に厳しく自分を見つめ直すときでもあるのです。

取締役が日常、仕事として行わなければならないのは、文書決裁や業務指示などもありますが、仕事に対するものの考え方を教えることも、大切な業務の一つです。相手の考え方を頭から抑制するのではなく、まずその考えを理解し、違った考え方もあることを分かりやすく理解させることです。そして、さらに経営者の考えに寄りそった〝考え方〟を教えることも、その企業の将来を担うひとを育てる大切な仕事だと思います。

しかし、その経営者の考えを理解するには、日頃の対話も必要ですが、名立たる経営者が学ぶ先人の知恵となる古典から学ぶことも、一つの道です。

一般的に経営者が学ぶ古典といえば、中国の『論語』『孟子』『孫子』『三国志』などが有名ですが、日本の古典において、良き人間として先賢の教訓が生かされている人生の指南書ともいわれる『言志四録《げんししろく》』もその一つです。中国の『菜根《さいこん》譚《たん》』と並ぶ人生訓の名著、中国に『菜根譚』あれば、日本に『言志四録』あり。ともいわれている書です。江戸末期の大儒学者・佐藤一斎（１７７２〜１８５９）の代表的な著作です。

自己の深い反省も踏まえ話を進めますが、その江戸時代の漢文体の随筆（書物）を読み解くのは、学者でもない自分には至難の業です。そこで文献として、佐藤一斎著／川上正光全訳注『言志四録』（一九七八年、講談社）の全四巻、佐藤一斎著／久須本文雄全訳注『座右版 言志四録』（一九九四年、講談社）、井原隆一著『「言志四録」を読む』（一九九七年、プレジデント社）の三書を参考にして、最初は原文の書き下ろし文（小字）を明記し、次に現代語訳文、最後は実戦から学んだことや自分の思いなどを付記しました。

そこには、きっと経営者たちが学んだ志、考え方があるはずです。

『言志四録』を読んで

言志四録とは、『言志録』『言志後録』『言志晩録』『言志耋録』の四書を総称した名称で、徳川時代末期から明治時代にかけて、心ある人々に非常によく読まれたものです。

千百三十三からなる佐藤一斎の語録の中から、紹介できるのはほんの一部ですが、ぼくなりに感じ得たものを、紹介いたします。

自分を知る ―― 自分自身と向き合う

昔から、勝ちを信じないで勝ったものはいない。とよくいわれるように、自分自身を信じられないなら、やめたほうがよいに決まっています。しかし、他の人ができて自分にできないわけがない、と強く自分自身に言い聞かせることも、ことを成しとげる一つの考え方です。

まずは、なにごともやってみることです。

1　師を探し求めよ、師は向こうからは決してやってこない　――　最上の師

大上《だいじょう》は天を師《し》とし、其《そ》の次は人を師とし、其の次は経《けい》を師とす。【言志録2条】

ひとが師とすべきものは、三つ。
その中で最上なのは、天（自然）を師とすることであり、
その次は立派な人を師として学ぶことであり、
その次は経（書物）を師としてこれを学ぶことである。

古代中国では最高の神は天であると信じられ、天は絶対的な権威をもって人間社会に君臨してその行動を監督し、あるいは賞罰を加え禍福《かふく》をもたらす神として畏敬《いけい》（崇高）されていました。その「天」を「自然、環境」として解して考えてみると、自然の変化、環境の変化は社会においては無視することができないものです。

さらに、立派な人を師として教えを請い、考え方を豊かにすることです。書物においても先人の知恵、考え方の宝庫でもあるのです。

その書物においては〝万冊の乱読より一冊の良書〟というように、自分に合ったその良書と出会うには、一万冊以上の本をみずから求めたはず。

人を師として、書物を師として学ぶに至っては、自ら探し求めることだと思います。なぜなら、その師は向こうからは決してやってこないのです。

2　あわてるな、時のくるのを待て ―― 天道はおもむろに

天道は漸《ぜん》を以《もっ》て運《めぐ》り、人事は漸を以て変《へん》ず。必至の勢《いきお》いは、之《これ》を卻《しりぞ》けて遠《とお》ざからしむる能《あた》わず、又、之を促《うなが》して速《すみや》かならしむる能わず。【言志録4条】

天地自然の道はゆるやかにめぐり動き、人間社会のあらゆることもゆるやかに変化していく。そこには必ずそうなるべき勢いがあり、

これを退けて遠ざけることもできず、
またこれを急がせて速くしようとすることもできないものである。

諺にも「急いてはことを仕損ずる」とあるように、何事も落ち着いて順序を追って行うこと。機の熟するのを待ち、あせらずにことをすることが成功の秘訣、といわれますが、なかなかできないものです。リスクを十分に分析もせず、勝手な思い込みがそうさせるのだと思いますが、一般的に会社には、ステータスシンボルであり、威厳を保つためのものと思われる社長室と呼ばれる個室があります。その欧米から習ったといわれるPrivate Room（私用の部屋）は、だれにも侵されず「考える」という大切な仕事をする社長個人のスペースです。

取締役である経営陣にその個室があるかどうかは別にして、トップが考える、ものごとを焦らずに考える場所です。きっと、時の来るのを待つ場所でもあるのかもしれませんが、昨日、何気なしに手にした本、その本に挟まっていた〝栞〟に、こう書かれていました。「時を待つ心」と題して、

悪い時がすぎれば、

よい時は必ず来る。おしなべて、
事を成す人は、必ず時の来るのを待つ。
あせらずあわてず、静かに
時の来るのを待つ。
――松下幸之助『大切なこと』ＰＨＰ研究所より

経営の神様といわれる松下幸之助氏による〝時を待つ心〟です。これは、さきの語録をさらに深く読み解いた言葉、考え抜いた言葉だと思います。ことを成すひとが心静かに説いた、わかりやすい現代語の言葉、大志を持つひとに対する諫言でもあるような気がします。

社交的に仕事で名刺を配り、人とのつきあいで人脈をつくり、スタッフとのコミュニケーションをはかることも大切ですが、だれにも侵されず、あせらず考える時間をもつこと、時の来るのを待つこと。大事なことです。

3　足るを知る ―― 私欲と自分

人の精神尽《ことごと》く面《おもて》に在れば、物を遂《お》いて妄想をすることを免《まぬが》れず。須《すべか》らく精神を収斂《しゅうれん》して、諸《これ》を背に棲《す》ましむべし。方《まさ》に能《よ》く其の身を忘れて、身真《みしん》に吾が有《ゆう》と為《な》らん。【言志録20条】

人は物欲が盛んになるとそれが顔に表れ、得ることが先だって集中力を失う。思考力も乱れ、欲に転ぶ。だが、私欲を捨てれば、ほかに惑わされることがない、純粋な自分となる。

ひとの心が外顔《そとづら》だけに集中していると、表面だけに心を奪われ、間違った行動をしてしまう。だから、気を引き締め、その見た目はあくまで参考とし判断すべきです。私欲を捨てた自分になれば、純粋な自分になれるはず。そして、ひとは、欲が盛んになると、時には自分が得ることが最優先となり分別を失ってしまうものです。

ある創業者オーナーから聞いた話ですが、ある時、自宅に電話で、某証券会社を名乗る方から言葉巧みに誘う電話があったそうです。その営業マンがあまり真面目で熱心だったので、こういってあげたそうです。

「そんなに儲かる話なら、ひとに言わず、自分でやりなさい」とアドバイスし、笑いながら電話を切ったそうです。自ら会社を起こし、社会的地位を確立したオーナーは、心にすきがなく、言語少量、意味明確な回答がいえるのです。

また、あるオーナーにいわせれば、「絶対に儲かりますよ」と勧められたら、「そういうあなたが儲かるのか、いわれているわたしが儲かるのか」と聞いてみるそうです。そのぐらいの冷静さが必要なのです。

物欲について、古人の言葉をお借りすれば、「心を磨くには、欲を少なくすることだ。これほどためになることはない」ということです。足るを知るということは、寛容の気持ちで相手と接することだと思います。

4 細心さが、気を引き締める ―― 大志と細心

真に大志有る者は、克《よ》く小物《しょうぶつ》を勤め、真に遠慮有る者は、細事を忽《ゆるがせ》にせず。【言志録27条】

本当に大きな志をいだく者は、どれだけ小さな事柄でも、決して粗末にせずによく勤め励む。

また真に遠大な考えをいだいている者は、些細な事柄でもおろそかにしない。

古今を通じて成功者の共通点は、心遣いは細かいが、志は遠大である。と、よくいわれますが、些細なことをおろそかにしないことも十分理解し、さらに続けて考えてみると、志を成すためにも、大切なのはひと（社員）にたいする細心さが、大事なことだと思います。たとえば、意味深い言葉で「獅子《し》身《しん》中《ちゅう》の虫獅子を食《く》う」という仏教の教えがあります。その意は、味方でありながら、内部からわざわいをもたらす者や恩を仇で返す者のたとえで用いられます。恵まれた立場、同族取締役だからといって、職位を盾に振る舞っていると、内

部から足元をすくわれる時もあるのです。要は、志は、立派にもつのはいいことですが、常に気を引き締めて、些細なことも大切にすること。特にひとには、細心な心遣いが必要なのです。

5　忙しいと言うな、自己管理の問題です　——　忙しいという勿《なか》れ

今人率《おおむ》ね口に多忙を説く。其の為す所を視るに、実事を整頓すること十に一二、閑事を料理すること十に八九。又閑事を認めて以て実事と為す。宜《うべ》なり其の多忙なるや。志有る者誤って此の窠《か》を踏《ふ》むこと勿《なか》れ。【言志録31条】

いまの人は、口を開くと忙しいという。

ところが実際に必要なことをしているのは、

十のうち一か二。やらなくてもよい仕事が十のうち八か九である。

しかも、このつまらないことを仕事だと思っているのだから、多忙なはずである。

大事をなす志があるひとは、まちがってもこのような考えに陥ってはいけない。

自分の仕事、職責を理解している人は、必ずスケジュール管理は自分でできているひとです。日々の積み重ねによって、若い頃から身に付けたものです。

ある時、大企業の役員で常日頃、忙しいといっていて、「俺は分刻みで仕事をしている！」といっている方がいました。その方が自席で机の引き出しを開けたときにその中を偶然目にしたのですが、交換した人たちの名刺だらけ、名刺だけが上下左右一杯になって入っていたのです。大切な名刺の管理すらできないお方…。忙しいというのも当然かもしれない。その方の「おれは忙しい！」というのは、きっとその役職からくるそのひとの驕《おご》りです。忙しいという勿《なか》れです。

6　行動が伴ってこそ、信頼を勝ち得る　――言行一致

言《げん》を慎《つつし》む処《ところ》、即《すなわ》ち行《おこな》いを慎む処なり。【言志録186条】

言葉を慎むことは、すなわち行動を慎むことである。

これは、言行一致に通じる言葉です。言っていることと、やっていること（行い）が一致しなければ、誰もそのひとを信用しません。

企業の経営陣のなかには、机上で会社の改善点を指摘しながら、改善に手を下そうとしないひとがいると思います。しかし、その職責は、経営評論家ではないはずです。その改善を推し進める責任者でなければならないはずです。たとえ知識が豊富であっても行わなければ、ただの評論家です。ひとは行いが伴えば、そこから生まれるのは、そのひとに対する信頼です。それが信頼関係を築く第一歩です。言ってることと、やってることが一致するなら、ひとから信頼を勝ち得ることができるものです。自分ができないこと、行動が伴わない無責任な発言を慎むことです。さらに『言志録』には、「言葉を慎む」条項が他にも数多くありますが、その要旨は、言葉を口にするには、細心の注意が必要であると説いています。

企業の最高層である経営陣の発言、そして、特にトップの発言は、諺で言い表すなら、「綸言《りんげん》汗の如し」です。その言葉は汗のようなもので、一度口から出たら、取り消すことができないはず。特に立場のあるひとを諭す、慎言です。

7　短気は、一瞬で長所を無くしてしまう ―― 心はいつも静かに

心は平《たいら》なるを要す。平なれば則ち定まる。気は易《い》なるを要す。易なれば則ち直《なお》し。【言志晩録6条】

心は常に平静であることが大切である。
心が平静であれば、自然と心が安定するものである。
同じく、気持が安静にしていることが大切である。
気持が安静にしておれば、何ごとも正直に行われるものである。

この言葉には自分もそうですが、ひとは誰しも反省することが多々あるはずです。腹が立った時、平常心を保つのは、難しいものです。むかむかくるとどうしても感情が入ってしまいます。あげくの果てに怒鳴りつけることもあるはずです。
短気というものは、不用意に約束もなくやってきますが、「賞は直ちに、罰は遅れて！」というように、感情が去ったあとに、罰を考えるとよいとされています。しかし、その罰に

入ってしまうのが、間違いなく感情です。

自分の場合は、前作の拙著で話をしましたが、自分を抑える思考として、〝中三日の法則〟に従うことにしています。要約しますが、もし感情が込みあげて短気が顔を出しかけたら、その日から絶対中三日は、耐えることです。そうすると、初日から起算して、五日目には、平常心を保てるようになるのです。その根拠は、経験値だけなのですが。

いずれにしても、日を置いて感情がさめた時に冷静な気持ちでひとと接することが肝要なのです。

8　ひとのせいにするな、自分を信じろ！——暗夜を憂うるなかれ

一燈《とう》を提《さ》げて暗夜《あんや》を行く。暗夜を憂うること勿《なか》れ。
只《た》だ一燈を頼《たの》め。【言志晩録13条】

暗い夜道を提灯《ちょうちん》を提げて行くならば、暗夜を心配するな。ただ一つの提灯を頼りにして行けばよい。

人生には、暗い夜道を行くようなことがあるが、
暗夜を心配することなく、ただ自分の強い意志を頼りにするがよい。

この原文の書き下ろし文は、ぼくが30代後半に初めて覚えた、『言志四録』の言葉です。そして、その時に学んだのは、「一つ灯りさげて暗い夜道を行く。人は自分のことは棚に上げて、夜道が暗いから、だから夜道が悪いとか文句をいう。でも、他を責めてもそこからは何も生まれない。自分がさげている灯り、その灯りとは自分自身、最後に頼りになるのは自分である」。もし、憂うるを憂えると解せばそうなるのでは、と思いますが、いずれにしても、只だ一燈を頼め、その一燈は自分自身であり、自分を信じることだと思います。

しかし、あくまで覚えたのは確かですが、今思えば、覚えただけのような気もします。大切なことは、理解し、腹の中に落とし込み実行しなければ、なんの意味も成さないということです。

この言葉は、名立たる経営者の一人である川村隆氏が著書『一俗六仙』（東洋経済新報社）でも紹介しています。川村隆氏は、日立製作所の当時（２００９年３月）の製造業として史上最悪の赤字決算（純損失約７０００億円）の再建を託され、著書でこう語っています。

２００９年４月、「沈む巨艦　日立」の再建に取り掛かった新経営陣の心の中にあったのは、幕末の儒学者・佐藤一斎の次の言葉だった。

勇気を持って一燈を提げよ

一燈《とう》を提《さ》げて暗夜《あんや》を行く。暗夜を憂うること勿《なか》れ。只《た》だ一燈を頼《たの》め。

まず、勇気を持って一燈を提げよ、道は暗闇でも自分たちはこうするのだという一燈を提げる。打つ手は無限に出てくると。新経営陣は１００日をかけて再生プラン「１００日プラン」を作り、それを一燈として実行していった。

私は、『言志四録』などに示された考え方を自分で反芻するだけでなく、いろいろな大事な場面でその中の言葉を借りながら、周りの人を説得したり鼓舞したり慰めたり褒めたり叱ったりしてきた。

日立製作所元会長である川村隆氏の先見性に富む卓越した経営哲学の一端を垣間見たような気がします。僭越ながら、これは言志四録から学び、この言葉を自分のものにし、ことを成し遂げたひとだからいえる説得力のある文脈で、不遜ながら、著者、そのひとに触れたような気もいたします。

ひとを知る ―― 人間性を重んじる

賢い人は、ひとをよく視ています。語ってもよいひとには、言葉を選んで自分の思いを語り、語っていけない人には、差し障りのない言葉を選んで語ります。だから、大切なひとを失うことがなく、言葉を大切にする。要はひとと接するには、まずは、聞く耳をもち、その人を知ることです。

9 取締役の肩書きで、有頂天になるな！ ―― 才能より人徳を重んじる

君子《くんし》とは有徳《ゆうとく》の称《しょう》なり。其の徳有れば、則《すなわ》ち其の位《くらい》有り。徳の高下《こうげ》を視《み》て、位《くらい》の崇卑《すうひ》を為《な》す。叔世《しゅくせ》に及《およ》んで、其の徳無《な》くして、其の位に居《お》る者有れば、則ち君子も亦遂《またつい》に専《もっぱ》ら在位《ざいい》に就《つ》いて之《これ》を称《しょう》する者有り。今の君子、盍《なん》ぞ虚名《きょめい》を冒《おか》すの恥《はじ》たるを知らざる。【言志録9条】

君子とは徳のある人を指していう言葉である。昔は徳のある人には、その徳に相応した立派な社会的地位があり、その人の徳の有無・高低によって、地位の尊卑・高下が定まっていた。ところが後世になって、なんら徳を具えておらずに、上位につく者が出てきたので、君子の中にも、高い地位にあるというだけの理由で、君子と称する者があるようになった。今日の君子といわれる人々は、自らそれだけの実力がないのに、君子という名をつけられて、どうして恥と思わないのだろうか。

「名実相伴う」といわれますが、実際に名（評判）と実（実質）が相応し合致するのが望

ましいことです。しかし、残念ながら中には、社長、専務、常務と呼ばれ、実力が伴わないのに職位を盾に威張りたがる方々がいるのは確かです。

たとえば、某企業の「役員の送別会」の出来事です。その送別のお方にお酒を注ぐ人がいない出来事があったのです。その職位といえば、その企業では、取締役の中では、一番トップに近い存在です。そのお方が退任し、管理職が中心とした送別会の出来事でした。ある居酒屋で、主賓を囲む数名のテーブル。他に各管理職が集うテーブルが4卓。主賓となるその方が、儀礼的にビール片手に各テーブルを回り始めたのですが、多くの管理職の方々は、知らん顔でその方に背を向けて、その席のスタッフと談笑…。ビールを注がれる素振りもしない、もちろん返盃もなし…。そのお方は、仕事はある程度できたようですが、トップに対する立ち振る舞いは秀逸。しかし、部下を消耗品のように扱い、割り勘でも自腹をきるようなことはせず、お金をださないことで有名な人物でした。世間一般では、名刺に刷り込まれた肩書きでひとを判断しがちですが、いくら地位があっても徳のない人がいるのも事実です。

現実には、そのひとの人間性が会社の組織運営でも重要視されると思いますが、中国の古典『菜根譚』には、仕事に処する心構えの項で、「才能より人徳を重んじる」と題して、次のように著されています。

人徳は才能の主《あるじ》であり、才能は人徳の使用人である。

才能があっても人徳に問題がある者とは、主がおらず、使用人が好き勝手に家の中を取り仕切るようなものだ。

これでは、家の中に怪しげな者が勝手に入ってきて暴れてもどうしようもない。

徳は、才《さい》の主《あるじ》にして、才は徳の奴《ど》なり。才有りて徳無きは、家に主無くして奴の事を用うるが如し。幾何《いくばく》か魍魎《もうりょう》にして猖狂《しょうきょう》せざらん。（前集一三九項）
王福振《ワン・フーツェン》編者、漆嶋稔訳者『菜根譚Ⅱ』（日本能率協会マネジメントセンター）より

菜根譚が語りかけるようにひとを選ぶ時には、スキルや才能も大切ですが、より重要なのは、そのひとが持つ人徳、優しく言いかえれば人間性、人間味です。とくにひとを選ぶには、人間性に比重を重く置くべきです。組織を組み立てる上で人選を間違えてしまうと、体制に問題が発生し、仕事を遂行する仕組みそのものに悪影響を及ぼすことになります。それが致命傷にもなるはず。その判断が、指揮が鈍る原因ともなり命とりになるのです。これは、何

度も現場で人選を間違い、体験し学んだことでもある自分には、戒めの言葉です。

10 見識をもち、相手の思いを読み取れ！ ―― 理想を求める

三代以上の意思を以《もっ》て、三代以上の文字を読め。【言志録12条】
三代――中国の夏《か》・殷《いん》・周《しゅう》の三王朝、理想とされた君主時代の意

三代以上の見識をもって、表面の文字にとらわれることなく、三代当時に書かれた文書のその行間を読みとれ。
つまり、突き詰めれば、表面の文字にとらわれることなく、その行間を読み解きその理想とされた時代の思い、精神を学ぶことである。

〝行間を読む〟というこの言葉の表現は、現代においてもよく使われる言葉です。その意は、文字面に現れていない筆者の真意、気持などを汲み取ることです。それは、ひとの表面《おもてづら》にとらわれず、ひとの思いを読み取ることにもなるのですが、しかし、それを行うのは極め

て困難なことです。大切なのは、ひとと接する時には、感情を抑えて常に冷静な目で相手を観察し、冷静な耳で相手の話を聞くことです。そうすれば、簡単に信用することもなくなるはず。ましてや騙されることもなくなるはずですが、そこには、失敗から学んだ経験と自分に対する厳しさがあるからこそ、感情を抑えた冷静さを保つことができるのだと思うのです。

感情を抑えた、その〝冷静さ〟をもってひとと接し、しっかりとした考えをもって、社会に対応するのが、理想のひとだと思います。そして、〝行間を読めるひと〟というのは、ひとの思いがわかるひとであり、ひとの痛みがわかるひとでもあるのです。

11　人の失敗を責めるな、己の失敗を思い出せ！　――己に厳格、人に寛容

自《みずか》ら責《せ》むること厳《げん》なる者は、人を責むることも亦厳なり。人を恕《じょ》すること寛なる者は、自ら恕することも亦寛なり。皆一偏《いっぺん》たるを免《まぬが》れず。君子は則《すなわ》ち躬《み》自ら厚うして、薄く人を責《せ》む。【言志録30条】

自分を厳しく責める人は、他人を責める場合も厳しい。

ひとに思いやりのある人は、自分に対して思いやることも寛容である。これはどちらも厳か寛に偏っている。立派な人は、自分を責めるのは厳格で、他人を責めるのは寛大である。

ひと言でいうと、自分に厳しく、ひとには寛大であれ。ということになりますが、部下が失敗した時、自分の立場（上司、取締役）として、自分の指示や考え方に間違いが無かったかが問題で、この考えがまず先です。そこから多くを学ぶはずです。

第2話で触れた、ひとの心理をつき、ひとを動かす「正面の理、側面の情、背面の恐怖」という言葉は、その恐怖を与えることとは、厳しく接したり、強く叱ったりすることですが、その前にまず自分に落ち度が無かったかが先です。さらに付け加えますと、褒める時も、叱る時も、時間と場所を考えるのです。ほかの社員の前なのか、個別に対応するのか。たとえば、朝礼で、みんなの前で称賛されると、その日の仕事のモチベーション効果は絶大なものです。

ただいえることは、褒めるのも、叱るのもひとに対する思いやりが必要なことは確かです。実戦から培った一つの心理学のような気がします。

12　口を飾るな、深海にあっても宝は宝である――ひとの話を聞く

饒舌《じょうぜつ》の時、自ら気の暴《ぼう》するを覚《おぼ》ゆ。暴すれば斯《ここ》に餒《う》う。安《いず》んぞ能《よ》く人を動かさんや。【言志録185条】

よく、ぺらぺらしゃべる時は、自分でも気が乱れているのに気づく。気が乱れると、道理に飢えてくる。道理に飢えた心でどうして人を動かすことができようか。

人の話もそこそこにして、気分が悪い時、腹が立っている時など、道理に適わず暴言を吐く時が誰しもあるものです。同様に、ひとの話を蔑ろにして、職位を盾にむやみやたらにしゃべりたてる人がいるのも、どの会社でも確かなことです。

西欧のたとえ話で、「神様は、ひとに口を一つ与えた。人間には聞くための器官（耳）が二つついているのに、しゃべるための道具はなぜ一つしかないのか」という質問に、ある賢

人は「話すためには、人間はその二倍は人の話を聞かなければならない。そのために神様は耳を二つ、口を一つにしたのだ」と答えた、という。

現代でも、ひとと接するのに言語を巧みに飾り、ひとの気持ちを動かそうとする人も多くいると思います。大切なのは、言葉を慎み、飾らず、時には、聞くことだけに徹することも必要です。

孔子の『論語』でもよく知られている、「子《し》曰《いわ》く、巧言令色《こうげんれいしょく》鮮《すくな》し仁。」です。口を飾らず聞く耳をもち、大切な宝は、自分の心の中に積むものです。

13　人間性、人がらをほめよ ―― 思いを伝える

小吏《しょうり》有り。苟《いやしく》も能く心を職掌《しょくしょう》に尽くせば、長官たる者、宜しく勧奨《かんしょう》して之を誘掖《ゆうえき》すべし。決時に不当の見《けん》有りと雖《いえど》も、而《しか》れども亦宜しく姑《しばら》く之を容れて、徐徐に論説すべし。決して之を抑遏《よくあつ》す可《べ》からず。抑遏せば即《すなわ》ち意《い》阻《はば》み気撓《たゆ》みて、後来《こうらい》遂に其の心尽くさず。【言志後録13条】

小吏―小役人。職掌――役目。誘掖《ゆうえき》―みちびき助ける。抑遏《よくあつ》―おさえとどめる。

仕える部下が、自分の仕事に一生懸命だったら、その上役の者は、褒めて指導するがよい。時には道理に合わない言い訳がましいことがあっても、しばらくこれを認めいれて、おもむろに諭していくがよい。決して頭から抑えつけてはいけない。抑制すると、意欲を失い、萎縮し、それ以後は、気持ちが入らず職務に精を出さなくなってしまう。

権力をもって部下を動かそうとしても、うわべだけは動きますが、ひとの心は動かないものです。ひとにやる気を出させたり、育てるためにも、ひとを褒めることも大切なことです。ひとは、誰しも褒められるとうれしいものです。たとえ見え透いたお世辞とわかっていても、どういう訳か、内心は、笑顔になるはずです。しかし、口先だけの褒め言葉では、口先だけの目先の評価では、ひとは動かないし、長続きはしないものです。やはり、褒めるに関しては、そのひとの持っている人間性、人がらを褒めるのが信望が集まることに繋がるはずです。

そして、仕事ぶりを褒める、評価することも大切なことです。ひとは、誰しも認められたいと思っています。ひとから肯定されると、なぜか安心感のようなものを覚えるのだと思います。相手を褒めることは、認めることに繋がるはずです。しかし、過剰な表現はさけて、適切な言葉で称賛し、こちらの思いを伝えることです。
大切なのは、まずそのひとを知ることから始めることです。

学ぶことを知る ―― 古典は知恵の泉

最初に孔子の『論語』から引用した好きな言葉を紹介します。

子曰《しいわ》く、学びて時にこれを習う。また説《よろこ》ばしからずや。
朋《とも》遠方より来たるあり。また楽しからずや。
人知らずして慍《いきどお》らず。また君子ならずや。（学而編）

この意味は大きく分けると三分節に分かれると思いますが、この言葉は、今となって自分には思い出がある言葉になりました。かなり超訳していますが、聞いてください。

日々学んでよい友を持つ。
世間がどう云おうと気にせず、友と楽しむ。
その友、那須塩原より来る、これにまさる人生の楽しみはない。

これは、結婚して栃木県の那須塩原に居を構えた友が、毎年仕事で必ず札幌を訪れ、独身時代から約40年間欠かさず、一緒に酒を飲み楽しんでいた時を想う、個人的な現代語訳です。
その友は、9年前の1月15日に亡くなりましたが、古典を省みると友と人生を楽しんだ想いが、いつもそばにあるのです。

14　歴史は徳の宝庫である　――　古典は知恵の泉

人の一生の履歴は、幼時と老後とを除けば、率《おおむ》ね四五十年間に過ぎず。其の聞見する所、殆《ほとん》ど一史にも足らず。故に宜《よろ》しく歴代の史書を読むべし。上下数千年の事跡《じせき》、羅《つら》ねて胸臆《きょうおく》

に在らば、亦快《またかい》たらざらんや。眼を著《つ》くる処《ところ》は、最も人情《にんじょう》事変の上に在り。【言志後録48条】

人の一生は、幼少の時と老後とを除けば、およそ四、五十年間に過ぎない。その見聞する事柄は、ほとんど歴史の一部にも及ばないほど僅かである。だから、歴代の歴史の書を読むのがよい。そうすれば古《いにしえ》から現代までの上下数千年の事柄が、自分の胸中に羅列される。なんと痛快なことではないか。史書を読むに当たっては、最も人のこころの動きと時勢の移り変りに眼をつけるがよい。

古今の史書を読むには、最も人の心の動きと時勢の移り変わりに眼をつけるがよい。とありますが、〝人の心の動き〟を〝人の考え方〟と解してみれば、史書にはそのひとの考え方があるはずです。

そして、古典は知恵の泉ともよくいわれますが、その言葉からきっと生まれたNHKで放送している「先人たちの底力　知恵泉《ちえいず》」という番組があります。その内容は、事を成した偉人たちを紹介し、その時代の時勢と心の動きを三人の異業種のゲストが読み解きながら学ぶ大変興味深い番組です。

それは現代の人たちが、その時代背景から、ものの考え方を学ぶようなストーリーで構成されており、その登場人物における史書というのは、何百、何千年前のひとが、現在も歴史の講師として、教壇に立っているような、そんな思いがします。まさに古典は、知恵の泉です。

15　失敗は、得意の時にやってくる！――退くも利なり

進歩中《しんぽちゅう》に退歩《たいほ》を忘れず、故に躓《つまず》かず。臨《りん》の繇《ちゅう》に曰く、「元《おおい》に亨《とお》る貞《ただ》しきに利《よ》ろし、八月《げつ》に至りて凶《きょう》有り」とは是《これ》なり。【言志後録59条】

人は進む場合でも退くことを忘れなければ失敗はしない。

これを説明した『易経《えききょう》』によると、八月は陽気が非常に盛んで太陽の月であるが、その中に陰が見られる。そのため、進むことを急いで退くことを忘れると失敗することになる。

『易経』――儒教で尊重される五種（易・書・詩・礼・春秋）の経典の一つ。

物事が都合よく運んでいる時こそ、退くことも忘れるな、そうすれば失敗はしない。という意味ですが、失敗というものは、なぜか得意の時に訪れるものです。

その失敗についてですが、先ほど紹介した王福振《ワン・フーツェン》編者、漆嶋稔訳者『菜根譚Ⅱ』によると、三国志で有名な名参謀といわれる諸葛孔明は、その失敗の考え方を、「善く負ける者は滅びず」と説いています。その全文を紹介します。

この「善く負ける」という段階を経れば、不敗の境地に至ることができる。その理由は次のとおりである。

一、善く負けるとは失敗を認めるということであり、失敗を恐れなければ、狼狽せず、落ち着いて対処できるようになる。かくして、どのような事態に直面しても動揺せず、失敗を逆に成功に向けた転換点にしてしまうのである。

二、善く負ける人はリスク意識が相当高い。事前の準備がどれほど周到であっても、百パーセントの確率で成功する保証はない。したがって、常に二割から三割の失敗リスクを考え、退路を用意しておくのである。善く負ける人は、具体的な戦略について緻密な計画を立てるが、その中では様々なリスクを検討し、万一の場合に備えた緊急措置も講じているることが多い。

三、善く負けるとは失敗の後にその経験や教訓をうまく吸収することだ。要するに、失敗に至った原因を正確に分析し、問題解決の方法を編み出し、倒れても再び立ち上がるのである。

何事も失敗を恐れず、失敗から多くを学び、ことを成す姿勢を説いているのだと思いますが、誰しも失敗することは、気持が落ち込み嫌なものです。ときには、谷底に落とされて、這い上がるのが困難な時もあるはずです。

証券会社の格言にもこんな言葉があります。「山高ければ、谷深し。谷深ければ、山高し」。株価の暴騰、暴落を例えた言葉です。この格言が、仕事（人生）にも当て嵌まるように、「どんなに深い谷底に落ちても、必ず山高く登れる」と自分を信じて前を向くことです。そう、〝谷深ければ、山高し〟です。

なぜなら、〝失敗〟を正すのに手遅れは、絶対ないのですから。

16 心を豊かにする ―― 自然に親しむ心学

終年都城内に奔走すれば、自ら天地の大なるを知らず。時に川海に泛《うか》ぶ可《べ》く、時に邱学《きゅうがく》登る可《べ》く、時に蒼莽《そうぼう》の野に行く可し。此も亦心学なり。【言志後録66条】

年中、忙しく走りまわっていたのでは、自然と大地の広大なることに気が付かない。そこで、時には川や海に出かけて船を浮かべ清遊を試みたり、時には山岳に登って英気を養ったり、時には青々として果てしのない野に出て気分をかえたりするがよい。これもまた心を修める学問である。

自然は、心を修める学問である。この一言に尽きるのですが、自宅の近くに、雰囲気が自然に近い、居心地の良い公園があります。その公園のそばには豊平川がゆっくりと流れ、小高い山が見え、たくさんの木が生い茂っているところです。

夏になると、その川のほとりで、いろんなグループがバーベキューを楽しみ、子供たちの声が、小鳥の囀りと一緒になって心地よい音楽となる場所です。そんなこころ豊かな自然の中にいると、時には、社会を離れての自然との対話が心を修める学問となるようなそんな思いになると思います。自然との対話から学ぶのは、大切なことです。

17 学びは一生の宝である ――「学」は一生

少にして学べば、則ち壮にして為すこと有り。壮にして学べば、則ち老いて衰えず。老いて学べば、則ち死して朽ちず。【言志晩録60条】

少年の時に学んでおけば、壮年になってそれが役に立ち、何事か為すことができる。

壮年の時に学んでおけば、老年になっても気力の衰えることがない。

老年になっても学んでいれば、見識も高くなり、より多く社会に貢献できるから死んでも朽ちることはない。

ある企業に転職し、初めての営業会議に出席した時の出来事です。創業者であるオーナーが会議であいさつを終え、まわりをゆっくりと見ながら、おもむろに近くにあったホワイトボードに縦書きに、次の文字を書きだしたのです。

偶成《ぐうせい》

少年老い易く学成り難し、一寸の光陰軽んずべからず。
未だ覚めず池塘春草《ちとうしゅんそう》の夢。階前《かいぜん》の梧葉己《ごようすで》に秋声《しゅうせい》。

その言葉を書き終えて、またまわりをゆっくりと見て、笑みを浮かべながらいったのは、「今を学ぶことです……」。この一言でした。

あれから二十数年経った今でも、この言葉は心に沁みついているのです。

この詩は、「朱子学」の祖である朱熹《しゅき》の言葉ですが、一生学ぶことの大切さを諭される内容の詩だと思います。「少にして学べば、…」と類する大好きな言葉です。

18 心に老少なし

身には老少有りて心には老少無し。気には老少有りて理には老少無し。須《すべか》らく能《よ》く老少無きの心を執《と》りて、以て老少無きの理を体すべし。【言志耋録283条】

ひとの身体には、老いと若さの区別があっても、
心には、その区別はない。
身体の働きには、老いと若さの区別があっても、
道理には、その区別がない。
是非とも年寄りだの若者だのということのない心をもって
道理を体得しなければならない。

現代語訳のとおり、こころに老いと若さの区別はなく、道理も同じくそのこころをもって会得すべしです。さらに付記したいのは、学ぶことにも、老いと若さの区別はないはずです。
米国の自動車王、ヘンリー・フォード氏の言葉ですが、「老人とは、学ぶことをやめた者で

ある」と。
いくつになっても学ぶこころを持ち続けたいものです。

ここまで江戸末期の大儒学者・佐藤一斎の語録『言志四録』のほんの一部だけの紹介で、その古典の力をお借りして、自己の深い反省も踏まえ話を進めてきました。

その『言志四録』とは、もともと『言志録』・『言志後録』・『言志晩録』・『言志耋録』の四書を総称した名称で、千百三十三条からなる語録です。著者が40年以上かけて、書き継いだ書物です。

『言志録』(全246条)は、1824年に刊行され、著者が42歳から53歳のときに書かれたものです。『言志後録』(全255条)は、1850年に刊行され、著者が57歳から67歳のときに書かれ、『言志晩録』(全292条)も同じく1850年に刊行されましたが、著者が67歳から78歳のときに書かれたようです。最終巻となった『言志耋録』(全340条)は、1853年刊行で、80歳から82歳にかけての作品です。この最後の作品は、最もボリュームのあるにもかかわらず、わずか3年で書き上げて、最後の力を振り絞って、すべてを筆に託したのです。

明治維新の豪傑といわれた坂本竜馬、勝海舟、西郷隆盛らは、言志四録を「座右の書」とし、西郷隆盛（南洲）においては、その中から一〇一条を選んで、『西《さい》郷《ごう》南《なん》洲《しゅう》手《しゅ》抄《しょう》言《げん》志《し》録《ろく》』として残しています。

参考として佐藤一斎の門下生でも有名な人物との関係を示す系図を紹介します。

佐藤一斎の門下生は、数千人ともいわれており、多くの維新の志士たちに言志四録は愛読され、その教え

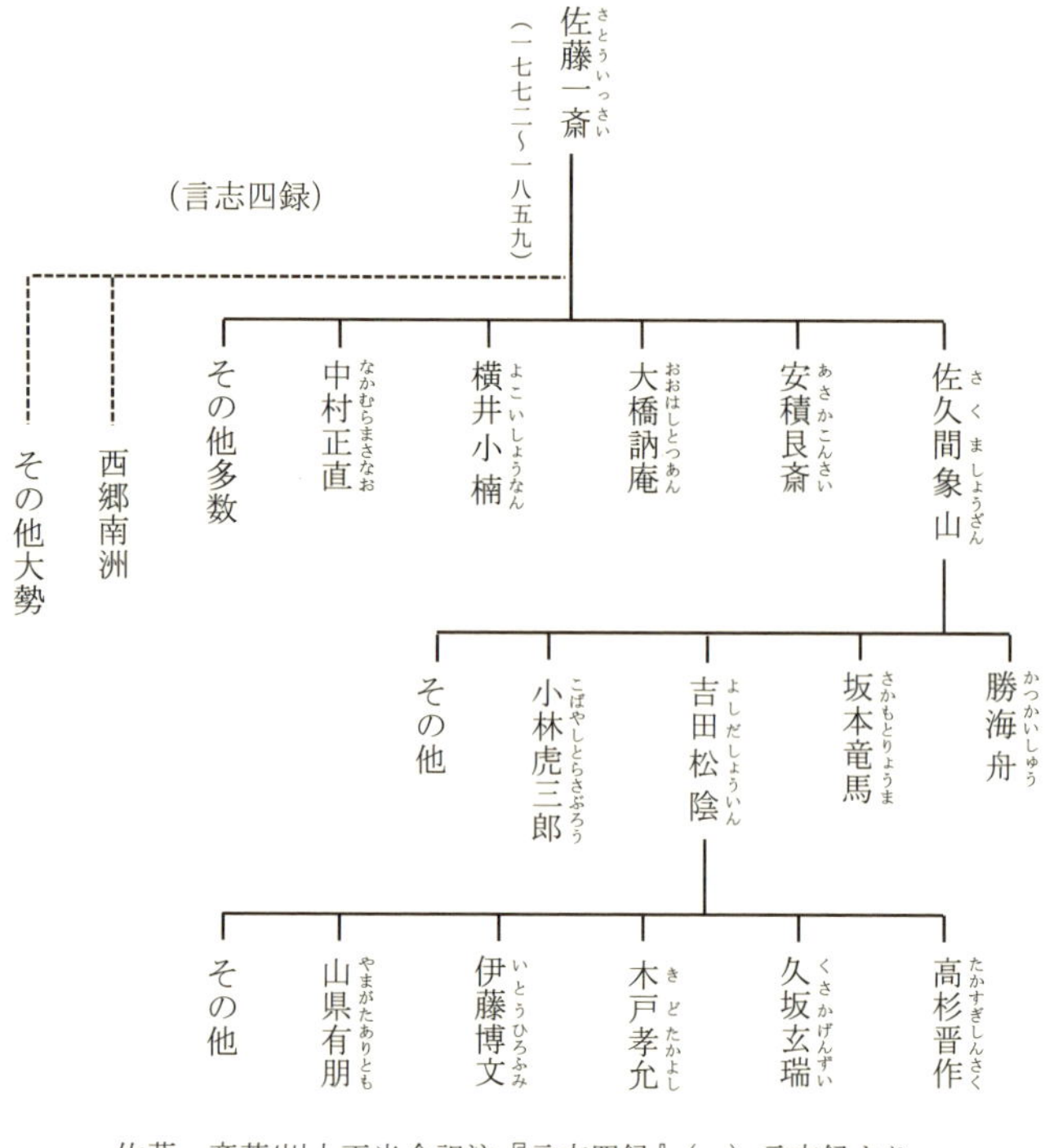

佐藤一斎著/川上正光全訳注『言志四録』（一）言志録より

は、近代日本を切り開くための明治維新の原動力となった一冊だったのです。

さて、言志四録をもとに話を進めてきましたが、古典とは、考え方を学ぶ師であり、その行為は、冷静に自分を厳しく見つめ直す時だと思います。

そして、それは、ひとに自慢するものではなく、名を得るためのものでもないと思います。ましてや営利目的としたものではないはずです。

是非、古典に親しみながらその考え方を学び、取締役としての立場に役に立ててほしいのです。

なぜなら、古典に親しむということは、先人の知恵を学ぶことであり、きっと新しい自分自身に出会う行為なのですから。

第5話

考えてください
——会社の大切な組織を

組織とは、ひとを活かし、育てるもの。
その大切な組織を創り上げるのも、
取締役の責務です。

あの船は沈む…。というように、会社を一艘の〝船〟にたとえる場合がありま す。誰が最初に言ったのかは分かりませんが、童門冬二の著書には「組織を船に 見立てる」と題して、こう書かれています。

一時期外国では、「日本式経営」の功罪がいろいろと議論された。たとえ ばエズラ・ボーケルは、日本の「組織と帰属する働き手」の問題について、 筆者流の解釈によれば、つぎのような考え方を提起した。

・日本の企業組織では、働く人間がトップからヒラに至るまで、自分の属し ている組織を一艘の船に見立てている。
・したがって、トップは船長であり、働き手はすべて乗組員になる。
・そのため全乗組員が船を自分たちの運命共同体と考えている。帰属意識が 強く、この船や船長に対しロイヤリティ（忠誠心）を持っている。

これは1979年に発行され、当時ベストセラーにもなったアメリカの社会学者であるエズラ・F・ヴォーゲル著『ジャパン アズ ナンバーワン』（TBSブリタニカ）にある内容で、企業を船にたとえているのです。その表現は、著者の創造の世界から生まれたのかもしれませんが、更にその著書には、「日本的経営方法の起源」と題して、——現代の日本にみられる企業組織は、19世紀末にようやく誕生したものである。——と、記されています。

その組織の大切さ、日本の組織の歴史も振り返りながら、話を進めます。きっとそこには、ひとに対する大切な思いが秘められているはずです。

歴史が語る組織を ―― 組織を守る一つの手段

組織とは、組み立てること。組み合わせて一つのまとまりを作ること。と辞書にありますが、その組織でひとを活かし、育て上げるのが取締役の仕事です。

さらにちょっと乱暴な言い方をすれば、ひとを活かすも殺すも組織の最高位である経営陣といえるはずです。

その組織の歴史ですが、山本博文著『江戸の組織人』（朝日新聞出版）によると、現代企業も官僚機構も、すべては徳川幕府が始まりです。

生き残る組織

江戸時代の身分は、士農工商があったとされますが、この分け方は便宜的なもので、『江戸の組織人』によると実際には、武士とそれ以外の百姓・町人らのおおきく分けて二つの身分しかなかったようです。その武士階層の身分は複雑ですが、単純に考えれば、上士《じょうし》、平《へい》士《し》、下士《かし》の三つに分かれ、幕府の組織も藩の組織も、三つの身分を基本にして組織を作り上げていたのです。

特に興味深かったのは、組織を守る手段としての、「武士の責任の取り方」です。その考え方としてきな臭い内容が記されており、具体的にいえば、切腹と「詰《つ》め腹《ばら》」です。

実際に不祥事があった場合は、悲劇が起こる。幕末、一橋家では、ある軽微な罪を犯した者に対して、次のような措置が取られた。当事者の一人でのちに幕臣となる本多晋の談話を聞いてみよう（『史談会速記録』）。

「其《その》時分の制度では、法則に触れた者は町奉行の手に渡して罪人にする制度がありますが、一橋家の中からさういふ罪人を出すのは名誉に係はることであるから、町奉行の耳に入らぬ内に腹を切らせた方が宜《よろし》いといふことになって私共検視（使）に参りました。其者は農兵であります。同輩どもが寄りまして、腹を切れと言ふが、農兵でありますから一向事理が分りませぬ。私は死ぬ程の事はしませぬと言ふので、止むを得ずトウトウ寄って集《たか》って殺して仕舞いました」

（中略）一橋家は、親藩の中でも特に格の高い御三卿《ごさんきょう》で、しかも当時の藩主は後に十五代将軍となる慶喜である。その家臣の中から罪人を出すわけにはいかない。

そこで、事が町奉行の耳に達する前に、本人に責任を取らせてしまおうというのである。武士の責任をとる手段は、「切腹」であった。これは、軽い罪であっても同じである。こういう切腹を「詰め腹」という。


「詰め腹」の意は、他から強いられて切腹すること。転じて、強制的に責任をとらされたり辞職させられたりすることですが、徳川幕府の組織の在り方、その詰め腹を切らせる考え方が、現代の組織にも、受け継がれているのは確かなことです。

江戸時代が語る組織とは、藩、組織のトップである主君の名誉こそが大切なことであり、組織を守るためには家臣の命など捨ててもよいという観念があったようにも思えてきます。

現代でも組織を守る手段として、このような考え方で特にメディアに取り上げられるのは永田町の世界ですが、民間企業においても、組織を守る一つの手段として存在するのは確かなことです。その是非はともかく、社員が自ら辞める、転職することは、その個人の考え方で決まりますが、その社員を大切にする思いは、経営陣の考え方次第だと思います。

ひとにはひとに対する秘めたる思いが、ひとそれぞれあるはずです。それは、経験から培ったものかもしれませんが、経営陣として時には、組織よりもその思いを大切にすることも必要なはずです。

ひとを思いやる組織

江戸時代半ばに出版され、徳川八代将軍吉宗が側近に推奨した『明君家訓』という教訓書があります。その書は、阿田俊彦著『古書で読む 明君家訓』(南方新社)によると、著者は不明とされていましたが、現代では、室鳩巣が著者であるという説が最も有力とされているようです。

その書は、上下二巻二十箇条からなり、史記や論語等からも例を引きながら、ある明君家臣に語りかける形に託して、あるべき君臣関係や武士の嗜むべきことがら等について説いています。そして、明君(優れた主君)が家臣に対して武士はどのようにあるべきかを説くという形式をとっています。

その中で特筆したいのは、第十四条で説かれている、肉親・親族等のうち国法に違反する者が出た場合の対処、考え方についてです。肉親を大切にしないものが、どうして他人を大切にできるのか、ひとの大切さを説く、考え方の源泉がここにあるように思えてきます。

阿田俊彦の著書から、その書き下ろし文からなる現代語訳を紹介します。原文を省略し、現代語訳も長文のため要約とも考えましたが、内容が考えさせられる味わいのある、ひとの思い、大切さが込められており、「主君より親族を重んじる」考え方があるのです。全文を紹介します。

現代語訳

今から以降、父母妻子兄弟、その外親族の誰かが国法に背いたとして、それが罪になることをよく〱承知していたとしても、親しき立場の者がそれを訴え出たとすれば、それは士としてのいいやり方だとは思わない。且つ又、一門の者ではないけれども、平生とりわけ親しく話をする友だちのうちであっても、訴え出ることについては、これまた妥当なやり方だとは思わない。但し、そのように国法に背き不忠の者を、強いて隠し置き、いろいろと手当てを工面するなどして罪を逃れるようにした場合、「それはまた話が別であり」そのことが判明し次第、「そのことを以て」罪に申し付ける。もしまた、反逆の謀をした者があったとして、何とかして国の騒ぎを引き起こそうとしたり、某の大事にも発展するほどの問題を、国の秩序をも構わず、某に対する思いも翻し、見逃し置かれるということは、それは「全く以て」

承知できることではない。そのような場合は、某が命令しなくても［どうするべきか］各々に了見があるはずだ。ただそれ程の［大きな］問題であったとしても、子として父を訴え出るということは、同意しかねることである。君・父というもの、義理の重さにかけてはいずれも劣らぬものであり、また忠・孝は［両方とも大事であり］偏ったり、片方を欠いたりしてはならないことである。その間に事情や、またその時のなりゆきにより、子としてどうすべきか考えがあるだろうと思われるし、［某としても］単純には判断しかねる問題であるといわねばならない。たとえ父子兄弟の間であったとしても、罪人として訴え出るように［法として］定めておいた方が、某にとっては都合がいいけれども、士の風儀という面からみた場合、そのようなやり方はよろしくない。某が心底をだいたいのところで申し上げれば、各々が拠り所としている信念を枉げてまで某一人に忠節を尽くしてもらいたいとは、少しも考えていない。某［の命令］に背いたとしても、各々が自己の信念さえ違えずにすむのであれば、某においても結構なことだと考えるのである。

江戸時代の将軍からの通達、書物であれば、間違いなく法的なものです。しかし、文中には法を犯した犯罪、問題よりも、

――子として父を訴え出るということは同意しかねる。

とあるように親子への思い、組織を守るための手段として、その犯罪の是非よりもひとの大切さを説いているのです。このような義を重んじる考え方は、家臣を心酔させる一助となるのは確かなことです。更にそれが、ひとの心を引きつける統率する力となり、家臣のこころを一つにする要因にもなるはずです。

現代に話を戻しますが、このように組織を守る考え方を経験からお話ししますと、あるオーナーが商法違反の罪で、代表取締役社長の座を解任されたことがありました。その企業に在籍したときのことですが、そろそろ次期社長に息子が就任するのではと、周囲で騒がれた時にその事件が起こったのです。その商法違反の罪についてこの社長は、詰め腹を切ることはせず、自分の責任ですべてを処理し、最後に取り調べで言ったことは、「息子を思いやったことです」と、供述したのです。

一般論でありますが、同族企業に勤める社員、経営陣から聞こえてくる愚痴ともとれる陰の声は、うちは、会長の息子が二代目だから…、社長の娘婿だから…。などという、言い訳ともいえるあきらめの声があると思います。その通りかもしれませんが、それは当たり前のことです。ものの考え方として、日本の文化の継承なのです。ひとの思いに懸ける継承文化として捉えて理解するのも考え方の一つです。

罪は、法律で裁けても、ひとの思いは誰にも裁けないはずです。そう考えれば、組織に対する考え方も違ってくると思います。歴史を知れば、今が見えてくるように、そこからものごとを考え、一緒に創り上げるのが必要になるのではないでしょうか。

誰もがそうだったように、新入社員は希望をもって入社してくるのです。その大切な思いを、活かし育てる組織を創り上げることも、経営陣の重要な責務だと思います。

現場が語る組織を ―― 原点は対話にあり

ひとは、自分の考え方の是非を問う時、知識や経験、失敗から学び独り静かに自分自身と向き合う時だと思います。そして、時にはその判断をひとから学び、著書から学び、考えるはずです。それが考える思考のプロセスです。

そのプロセスの中でひとと向き合うこと、それは自分自身と向き合うときでもあるのです。

現場を考える

思考のプロセスとして最初に、一人の知人（60代）を紹介します。彼の趣味は、山登りとゴルフ。夫婦で山を楽しみ、ゴルフは月に一度、今は息子とだけするのが彼の至福の時だそうです。

その彼の略歴は、大学を卒業後、東京のある一流会社に勤め、そのノウハウと人脈を活かして30代後半に独立し、会社を設立しました。しかし、50代半ばでその会社を倒産させたのです。その後、いくつかの修羅場をくぐり谷底から這い上がり、会社勤めを繰り返して、現在は、彼の築き上げた信用と幅広い人脈から、某企業の顧問に就いています。

その某企業というのは、半世紀以上の歴史があり、北海道に事業所が数カ所ある道内でも優良企業といわれている会社。その企業の職位にいる彼が語ったことを、一つの考える案件として話を進めますので、少しお付き合いください。

彼が語ったこと――

今いる会社だけど、コロナ禍の中にあっても、経営基盤もさることながら、トップの考え方がしっかりしている。揺れることが無く優良企業といわれるだけあって、会社の経営数値は秀でている。現在の経営者は二代目だが、しかし、実質彼一代で今の会社を作り上げたもの。経営理念は、哲学的であって、将来を見据えたしっかりとした考え方だと思う。

しかし、今の私の客観的立場で見えてくるのは、そこで働くひとだ。管理者層を含めた経営陣の意識だ。先人が創り上げた金看板を背負い帰属意識があるのはいいけど、末端の社員から中間層も含め、とにかく入れ代わり立ち代わりひとが辞めていく。残念ながらそういう業界、業種なのかもしれないが……。

現場で確認したところ、経営陣が現場にくるのが年間数回、後はメールでのやり取り。現場主義の観点から任せることも大切だが、管理者を含む社員は、仕事というよりも日々の作業に追われて一喜一憂しているだけのこと。危機管理等の問題意識が薄く、管理者は上から目線で何かあればすべて部下のせいにする、そんな文化がある会社のようだ。

ある日現場を訪れた時、その事業所を利用する顧客からのメールが供覧されていて、偶然目に留まったのだが、「御社は、伝統にあぐらをかいている。接客マナーを含めて社員の立ち振る舞いがなっていない。もっと社員教育を徹底するべきです。もう、御社は二度と利用することはありません」こんな内容のメールだ。

私が思うに、大切な社員を育てる環境ではなく、個人個人（管理者）が個人の経験をもとに勝手にやっている、そんな風に私にはみえてくる。まずは、社員教育のシステムが整っていないと思う。個人面談もやるようだが、事業所では過去3年間で、二度だけだそうだ。社員とのちゃんとした対話ができない、これは管理者の問題ではなく、経営陣の問題だと思う。

総じて、上から目線でものをいう文化が根付いているのも確かだと思う。給与体系にもかなりの問題があるのも確かなこと…。

経営陣の一部は、もちろん親族だ。きっとこのままだと、この船は、今のオーナー、その頭脳が将来なくなったら、数年後には必ずその船は沈む。——

と話を聞かせてくれますが、彼との長年の付き合いから確信できるのは、彼は今後、どうその企業をより良い方向に向けられるかを常に考えながら話しているのです。

それ以上、多くを語りませんでしたが、彼の言いたいことは、ひとの大切さ、ひとを大切にするその術《すべ》を知らない経営陣の問題を指摘したかったのだと思います。また、彼は、自分の過去と向き合い、失敗から学んだことをその企業に照らし合わせているような、そんな思いを感じ得たのです。

そして、その問題は、どの企業でもあることです。ぼくが17年間勤めていた会社が、そうだったように、その船も沈んだのです。

彼が真剣に悩んでいる話を聞いていると他人事ではなく思え、余計なお世話かもしれませんが、時には客観的立場になって、その事案を考えてみると、この企業で経営陣がしなければならないことは、先ずは「社員との対話」です。それが第一優先事項だと思います。

対話を考える

経営陣として、経営数値と日々向き合うことも重要ですが、その数値を支える社員がいます。経営陣は、自ら管理者と対話、時には社員と対話し、正面から向かい合うことが、大事なことです。現場主義におけるお客様の声も大切ですが、現場で戦う社員の生の声を聴くことがより大切なのです。

まず始めることは、社員との対話をもつことです。一つの術《すべ》として、まずできることから始めることです。つまり個人面談（対話）が始まりです。その小さな積み重ねがひとを育てる一つの要因になるはずです。

対話とは、二人が向かい合って話すことですが、通常業務では無いその二人だけの対話とは、議題があり、目的があり、非日常的なコミュニケーションなのです。相手の意見、考えにしっかりと耳を傾ける時間です。対話とはすでにあるメッセージや情報を相手に伝えるような業務報告ではなく、ましてや立場、役割から会話するものではないはず。個人として話をするのが対話です。

その個人同士が話す対話ですが、その〝話《ハナシ》〟を分析したひとがいました。前作『中間管理職の「下座学」』でも紹介した話術の神様、日本の弁士といわれた人物で、徳川夢声（１８９４～１９７１）です。漫談家、作家、俳優、ラジオ・テレビなど、多方面で活躍した日本の元祖マルチタレントともいえる人で、現代で言えば、タモリさんのような方だと思います。

参考までにその徳川夢声が、著書『話術』（白揚社）で〝話《ハナシ》〟を分析し、分類した図です。

著者はハナシをここまで分析、分類して図の右のほうから順番に内容を著者の独自の目線で解き明かしているのです。このハナシの分析で、特に印象に残ったのは、話の根本条件と題して、「間《マ》の置き方」の解説です。

ハナシというものは、喋るものですが、そのハナシの中に、喋らない部分がある。これを「間」という。こいつが、実は何よりも大切なもので、食物に例えていうと、ヴィタミンみたいなものでしょうが、直接、ハナシのカロリーにはならないまでも、このヴィタミンMが欠けては、栄養失調になります。――と。

このハナシが延々（4ページほど）と続き、マの重要性を説いて、最後にこう締めくくっ

著書：話術（白揚社）のハナシの分類から

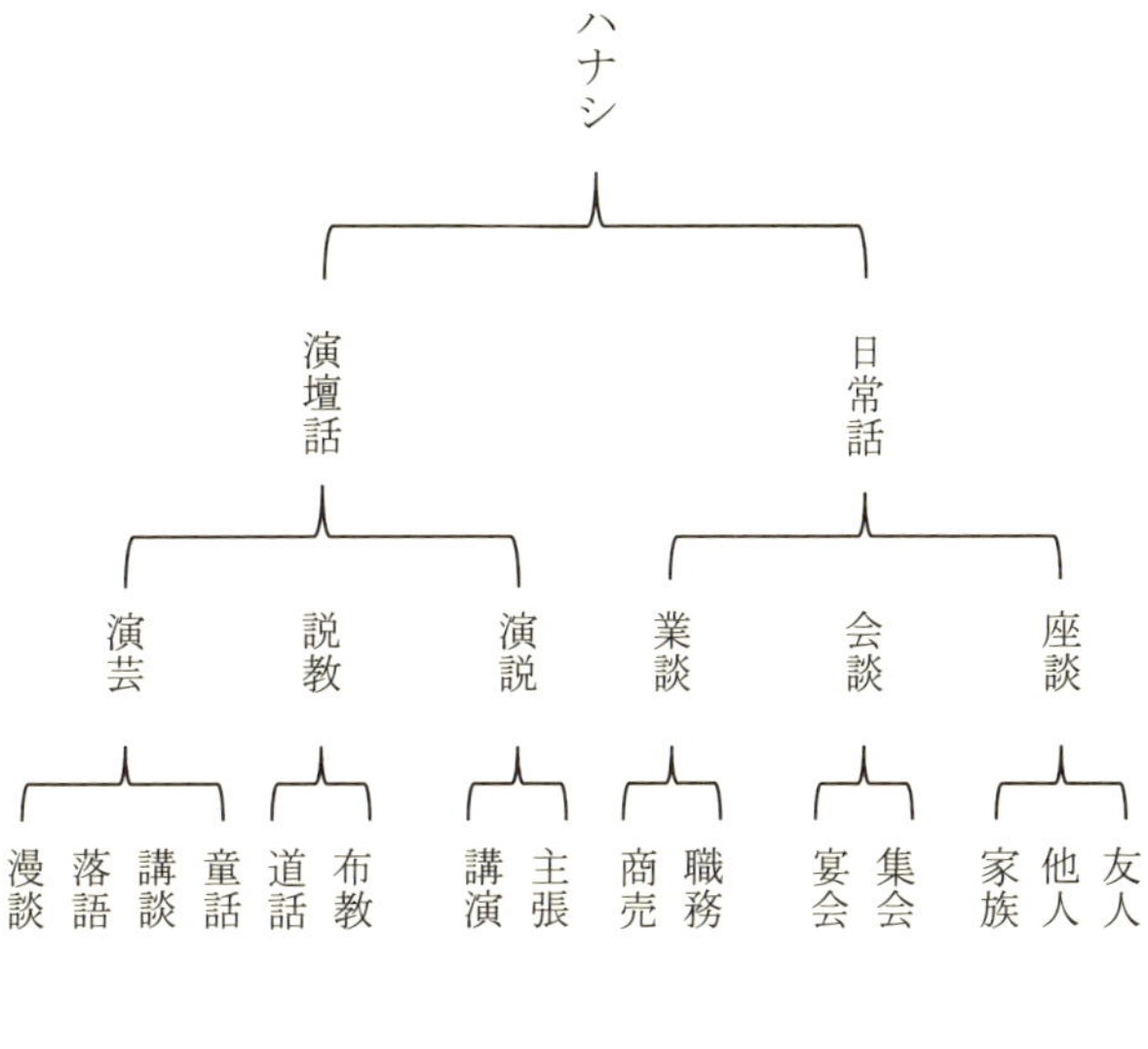

ています。

——「話術」とは、「マ術」なり。「マも会話の一つ」と仰っています。

但し、非常に残念なことにその分析には対話の項目は無いのです。できれば、業談の分類の隣あたりに対話（対談）を追記したいのがぼくの気持ちですが、やはり、著者が語るように対話でも大切なのがハナシの〝マ〟だと思います。

その所有権のないマを相手に自然と与えて対話することも必要なことです。

対話の目的とは、自分の考え、思いを伝えお互いの理解を深めることにありますが、対話で言葉を交わすことは、一緒にものごとを考えていく時でもあるはずです。

仕事をしながら交わす会話も大切ですが、対話をするには、ちゃんとした日時を設けて、テーマを決め、個人として話し合うこと。社員の思いを知ることもその立場にいるひとの仕事です。会議とか、ミーティングとは、目的が異なるものです。まずはやらなければならないのは、その対話をするために個人面談の内容、年間スケジュールを構築することです。

個人面談といえば実体験からその昔、20代で籍をおいていた企業では、「おい、来週から一人一人個人面談するぞ」とよく口頭で、または社員の名前が記載されている面談スケジュール表だけを周知し実施。何をテーマとして、面談するのかも知らされずに行われた記憶があります。それは、その時の上司が実施した、ただの思い付きの面談だったような気がします。

個人面談（対話）で必要になるもの。そのツール（道具）となるのが、テーマを決めたフォーマット化されたものです。

たとえば以前勤務した会社では、本年度の目標を立てます。売上目標なども含み、今年の方針、会社全体の目標設定で、経営陣が作成するものです。各担当部署の責任者は、その方針をブレイクダウンして、部署の方針を立てるはず。通常、2～3項目だと思います。その方針を、社員に落とし込み、個人としての目標を立てる、その流れを明記したフォーマットを作成することです。社員区分は、契約社員（アルバイト等）層、社員層、管理者層に分けた場合、三種類のフォーマットが必要になるのです。

まずは、会社全体の目標、及び自担当部門の目標を、ミーティング等で、自担当全員に説明することから始め、その用紙を渡し、自分の考えを記入してもらうことです。その記入された用紙をもとに個人面談となるのです。

理想としては、経営陣が、最高位の管理者（部長）を面談、部長が課長以下の社員、契約社員を面談することです。面談終了後には、一筆添えて、相手にフィードバックします。

経験からいえることは、面談（対話）のテーマで重要なのは、決してフォーマットに明記されないこと。それはその社員の思いを聞く耳をもつことなのです。

その思いには、給与の不満、社員同士の不満などいっぱいあるのです。ストレスが溜まる原因、会社を辞める原因になる一つの要因なはず。曖昧な回答はせず、前向きに考えるだとか、検討するなど一時しのぎの回答は避けるべきです。形式的な面談の裏に隠されている社員の思いと対話することだと思います。

一般的に職場で行われる「会議」は、職場や組織の方向性を伝達したり、個別の業務の進捗状況等の確認で、部として、会社としてこうなっていますとか、あくまで立場や役割からの発言です。そこに欠けているのは、「私」を主語とした考えです。

「私は、～と思います」とか、「ぼくは、～と感じています」という個人の思いです。あくまで主語は、「私、または僕」です。対話で大切なのは、個人の主観的な考えです。その考えを正面から受け止め、対応することです。

もし自分の立場で無理なことがあれば、その案件を持ち帰り、社員の生の声として、その内容はだれが言ったかではなく、何を言ったかが重要で質問された数項目の案件資料を作成し、一人の経営陣として即答できなければ、背伸びせず経営会議での判断をするよう提出することです。重要なのは、社員の悩みを共有し、問題を解決することです。その解決方法、結論を少なくても一カ月以内に、資料にてフィードバックするのです。真剣に社員の声を聴き、取り組むことです。

決して誤魔化さず、その考え方が正しければ、社員の思いを汲み取るのです。

個人面談による対話とは、社員の思いを知ること。そのひとの日々のルーチンである作業をする創られた仮面ではなく、仕事をする素顔を見出すことです。少しやっかいな素顔があるかもしれませんが、それを上手に対応し、やる気をもつ方向に導くことだと思います。それが、ひとをマネージメントする力となるはずです。

事案の総論として、言いたいことですが、対話とは、ひと（社員）の思いを知る時でもあり双方向の信頼を築く第一歩です。その積み重ねが最も大切なことだと思います。

組織の最高位である経営陣が、大切な社員を活かすために成すべきこと、その一つが、ひとと向かい合う対話だと思います。

さて、この項では、ここまで大切な会社の組織を守る一つの手段として〝歴史が語る組織〟を、そして〝現場が語る組織〟ではひとと向き合う対話の重要性を話してきましたが、改め

て、ここまでの流れを一度振り返ってみますと、

第1話では、取締役の大義を
第2話では、取締役の心構えを
第3話では、会社の経営数値を
第4話では、経営者が学ぶ古典『言志四録』を
第5話では、会社の大切な組織を

と、話を進めながら、取締役の下座学として自分が考えることを明確に伝えるには、どう説明すればいいか自分なりに考えて、表現してきたつもりです。

その思いには、すべて大切な社員がいてこそ成り立つものの考えがあり、会社を継続させたい思いがあるからです。

その会社の将来を担う社員のためにも最後に一緒に考えてほしいのは、代表取締役の下座の立場で、社員と共に何ごとも創り上げる、創造する組織です。

創造する組織を　―人を活かし、育てるために

創造とは、今までにない新しいものを造ることです。それを組織としてできるのは、経営陣である取締役の考え方一つだと思います。

ひとそれぞれ考え方があるかと思いますが、ぼくは、創造する力がその会社にあるか否か、その判断基準の一つとなるのは、その企業の「会議のあり方」にあるように思うのです。

会議に参加すれば、会議書類や要する時間などにも多少関係しますが、その企業の先が見えるように思えるのです。その根拠はというと、自分の勝手な思い上がりかもしれませんが、五つの企業を渡り歩いて肌で感じた経験だけです。

会議のやり方を含めて、その企業の経営陣の思考を感じる、社員にやりがいをもたせる、そんな会議を紹介します。

ひとを活かす会議

企業には、その企業の文化ともいえる会議の方法、種類が存在します。取締役会、営業会議、進捗管理会議、業務改善会議など…、並べるとキリがありませんが、会議といえば思い出すのは、40代中頃にNTTコミュニケーションのシステム部に出向という立場で、参加した会議です。その会議は、システム部がプロジェクトチームを立ち上げ、SE（システムエンジニア）が主体となり進行する会議でした。

会議名は、確か、課題管理・進捗管理会議と称される会議で、そのプロジェクトを遂行するためには、いろいろな課題がありました。その課題をフォーマットに落とし込み、「理」に適った手法で整理するのです。SEの方というのは、どこか思考回路が違うのでは、と思いながらも〝流石お見事！〟と、心の中で称賛した記憶があります。

すでにご存知の方もいらっしゃると思いますが、「トヨタ式改善活動」と類するものです。

会議の内容を簡潔に説明しますと、まず議長が課題解決に向けて、出席メンバーから、各課題のオーナー（リーダーの意味）及びスタッフを決定するのです。課題により推薦もありますが、ほぼ立候補で決定し、そのオーナーがスタッフを数名人選します。そしてクローズを決めるのです。クローズとはいつまでにその課題を解決するという締切日で、その場でオーナーが決めるのです。

すべての課題のオーナー、スタッフ、クローズが決まればその会議は終了です。あとは、PC上に共有フォルダーを設け、参加者全員が閲覧、課題解決のオーナーはその事案の進捗状況を書き込み、そのフォーマット表を開示し共有化を図るのです。

議長は必要に応じて会議メンバーを招集しますが、殆どがその課題をクローズする前に、そのオーナーが課題解決案となる資料のプレゼンを実施することです。課題によっては、2週間で解決するものもあれば、予算付けが必要なものでは2〜3カ月の期間を要してクローズする案件もあったのです。

この会議の手法の素晴らしいところは、どんな会議でも可能であり、スタッフの士気を高めるところにあるのです。少人数で目的をもって小さくても一つのプロジェクトに参加し、通常業務で味わえない自分たちの発想で仕事ができることです。自分たちで意思決定をして、それを実行し、成果を見ることとの重要性を実感できるのです。

組織の至る所で、通常業務を行いながらPT（プロジェクトチーム）が活動しており、そのテーマは、業務改善提案でもいいですし、生産性向上の提案でもいいのです。とにかくスタッフが、決められたプロセスを受動的に遂行することから出発して、次第に仕事が任せられるようになり、小集団、ＰＴでの改善・改革のスタイルにもって行くことが大切なのです。

要は、自分たちの組織をどのようにもっていきたいのか、どう変えていけば最適なのかを、若い人も中間層も経営層も含めた皆で能動的に考え、実行することが大事なのです。

このように組織を内部から活性化する方法は、組織自体に活力を与えるばかりでなく、社員の意識向上にも繋がり、厳しい状況下においても会社を良い方向に導く原動力にもなるはずです。

自分の中では、このような会議の手法は、理に適った秀逸なシステムだと、現役時代まではそう思っていたのですが、世界にも同様に、「理」に適った会議があったのです。それは、「アマゾンの会議」です。

ひとを育てる会議

現代においてグローバル企業といわれて思い浮かぶのはアマゾンです。その歴史を探れば、もともとは１９９５年米国ワシントン州シアトルで誕生したベンチャー企業です。当初は創業者（ベゾス）の自宅のガレージを倉庫代わりに利用した小さな会社で、それが創業20年余りで、全世界で数十万人を雇用する巨大企業へと成長を成し遂げ、２０１８年12月には、アップルやマイクロソフトを抜き去り時価総額で世界一の企業と成った、これがグローバル企業といわれるアマゾンです。

そのアマゾンですが、佐藤将之著『amazon のすごい会議』（東洋経済新報社）の「はじめに」、アマゾンの不思議なルールと題して、

「会議は沈黙から始まる」

「会議の資料は2種類のみ。1ページか6ページ」

「パワーポイントは不可、文章で書く」

「出席者の数の上限は〝ピザ2枚分〟」


（中略）――実はアマゾンの会議には創業者ジェフ・ベゾスを中心としたアマゾンの経営陣が、様々な試行錯誤の中生みだした英知が詰まっています。――

と書かれています。

一般的に会議といえば、一言も発言しないひとがいたり、わざわざ会議をするようなこと

でもなくメールで済む事案もあるのも確かなことですが、その著書で感銘を受けた一番は、会議資料は、文章で書くというルールです。そして会議は各自が書いた文章を読むこと（沈黙）から始まることです。

会議には資料が不可欠ですが、その資料を文章で書くというルールが素晴らしいことだと思います。通常会議には、文章による資料ももちろんありますが、現代でもよく使われる資料は、パワーポイントで作成され、文章は箇条書きで書かれているのが一般的なものだと思います。

文章ではなくパワーポイントを使用し色彩豊かに行うプレゼンなどは、プレゼンターの巧みな話術で作者の思う落とし所へ導きますが、しかし、後日その資料に目を通すと、なんとなくスッキリしなくて本当に内容を理解しているのか疑問に思う時があります。

そして、その資料だけでは第三者には、伝わり方が違ってくるはずです。なぜなら、プレゼンターの言葉がないからです。人それぞれ受けた印象も違うはずです。

しかし、アマゾンではそれが文章だけなのです。更に素晴らしいのは、「その場で読んですぐに理解できる文章を書く」ことが資料作成の必須条件となっていることです。

たとえば、会社で立場上参加する取締役会で、次回からの会議は、議題について、自分が考えることを事前に文章で提出すること。という決定がなされた場合、その後のことを想像すると、その企業が成長する一歩を歩みだしたような最高の気分になるのではないでしょうか。

というのは、その議題についての文章は、個人の考えを書くことであり、そこにあるのは、「理」の発想からなり、不要な「義」は必要ないはずです。もちろん、「情」など不要で、その情がからむと事実が歪められる時もあるからです。そして、それは、曖昧な口頭による発言ではなく、自分が書いたものとして証跡として残るのです。

さらに、トップを除く全役員が書くわけですから、忖度などなく自分を表すことができるのです。「書くこと」という行為は、自分を省みることでもあって、自分の考えを文章で表わすことは、自己成長にもつながり、組織を創造する一歩になるようにも思えるのです。

芥川賞など数々の賞を受賞した丸谷才一（1925〜2012）は、著書『思考のレッスン』（文春文庫）で、「文章は頭の中で完成させせよう」と題して、次のように仰っています。

――人はものを考えるとき、意識的にせよ無意識的にせよ、必ず文章の形で考えます。つまり思考というものは、かなりの程度、文章の形で規定される。だからこそ、ものを考えるときに、文章が非常に重要な問題になってくるんですね。

ことに現代日本人にとって、この問題はとてもやっかいです。というのは、現代日本語の文体は、現代日本人が思考するのにふさわしいだけの成熟にまだ達していない。なにしろ口語文が始まってから、ようやく百年経ったかどうかでしょう。私たちは、まだ文章として十分な能力をつけていない文体で、ものを考えることを強制されていると言ってもいい。ですから、なおさら書き方の問題にふれないと、考え方の問題を論じることができないわけです。

文章力がないと、考え方も精密さを欠くようになります。大ざっぱになったり、センチメンタルになったり、論理が乱暴になったり。文章力と思考力がペアになるわけですね。——

著者は、文章力と思考力の関連性、重要性を見事に説いているのです。

一般的に口語体は、比較的あまり考えないで言う場合があると思います。しかし、文章を書く場合、著者が言うように、一度頭の中で、ある程度完成させてから、書き始めますが、最初はその文章表現の未熟さのあまり、何度も何度も手直しを繰りかえして一応完成させるはずです。

そして、そのことを何度も繰り返していると、考え方も精密さを増し、書くことによって、自分の考え方が整理され、思考がさらに深まってくるはずです。

その文章から始まるアマゾンの会議は、ぼくが知りえる中で、最も理に適う成熟した会議、思考が洗練される会議だと思います。

会議を見直すことは、その非効率さを正すだけではなく、個々の業務の在り方、企業文化や組織など、会社全体の仕組みを、改めて見直してみる一つのきっかけになるはずです。それを実行するには、多少痛みが発生するかもしれませんが、それは会社が成長するために必要な「理」だと考えるべきです。ひとを育てるプロセスでもあるのです。

アマゾンの会議とは対照的なとても残念な会議を、ちょっとした話題の提供で紹介します。それは、国の会議と称されるものです。

永田町で開催される国会答弁には、その答弁で使用する「適切な言葉」があるようです。それは厚生省（当時）に勤務する著者によると、実際に役所で作ったアンチョコのようなものので、その著書にはこう記されているのです。

【前向きに】遠い将来にはなんとかなるかもしれないという、やや明るい希望を相手に持たせる言い方。

【鋭　意】明るい見通しはないが、自分の努力だけは印象づけたいときに使う。

【十　分】時間をたっぷりかせぎたいということ。

【努める】結果的には責任を取らないこと。

【配慮する】机の上に積んでおく。

【検討する】検討するだけで実際にはなにもしないこと。

【見守る】人にやらせて自分はなにもしないこと。

【お聞きする】聞くだけでなにもしないこと。

【慎重に】ほぼどうしようもないが、断りきれないときに使う。だが実際にはなにも行われないということ。

厚生省検疫課長 宮本政於著『お役所の掟《おきて》――ぶっとび「霞が関」事情』(講談社)より

たとえばですが、永田町での答弁で、

「その問題については、党として、十分配慮し、慎重に検討したいと考えております」の

真意は、

「その問題は、机上に置いて、なにもしません」ということになります。

永田町では、その特有の組織では、それで成り立つかもしれませんが、民間企業となるとそうはいかないはずです。

会議といえば、新入社員当時によく聞かされたのは、会議とは、会（開）して、義して論ずるもの。そして、決（決定）して、行う（実行）ものでした。

経営陣ともなると知識と経験で話術が長けてくるものですが、ひとを誤魔化す国会答弁のような「言葉」は避けるべきだと思います。

ここまで、組織を創造する一つのテーマとして、会議の話題で話を進めてきましたが、組織が創り出すことを突き詰めて深く考えると、目指すものは、それは、企業が存続し成長を続けるために最も重要なこと、「ひとを活かし育てる」ことだと思います。

考えてほしいのは、ヒト、モノ、カネ、そして情報といわれるその大切な資源となる、ひとを創り出す組織なのです。まずは人づくりが大事。その組織を支えているひとを育てることです。その体系を創り出すことです。

この考え方には、社長のタイプが創業者だろうが、二代目だろうが、関係ないと思います。組織の要は、一人です、代表取締役社長です。

その要というのは、会社の意思決定責任及び結果責任は、最終的にトップである社長にまずは一本でまとまっていることです。社長という立場は、会社が継続、生き残るために組織・会社にこういう未来を拓きたいという戦略を示し、それを少しずつ実現しようとするのです。

その直下にいる取締役は、その要となるトップの思いを腹にすえて、ひとを活かし、育てる組織を創り出すことです。

創造という言葉を内田伸子著『想像力　創造の泉をさぐる』のなかで、「だれもがもつ創造的想像力」と題して、こう仰っています。

――最初に「創造性」をとりあげよう。新しく何かをつくり出すときには、創造的な想像力がはたらいているからである。

創造とは、今までにない新しいものを造ることです。そして、想像とは、経験していないことをこうではないかと推しはかることですが、著者の言葉を引用させていただき、だれもがもつ創造的な想像力を働かして、取締役としてものの考え方を洗練し、これから少しずつ挑んではいかがでしょうか。きっと、新しい世界がみえてくるはずです。

何ごとも挑み創り上げることです。

なぜなら大切な社員がいるのですから。

お付き合いありがとうございました

おわりにかえて　――考えることを楽しむ

「考えることには詩がある」と題して

――中略

人間がものを考えるときには、詩が付きまとう。ユーモア、アイロニー、軽み、あるいはさらに極端に言えば、滑稽感さえ付きまとう。そういう風情を見落としてしまったとき、人間の考え方が堅苦しく重苦しくなって、運動神経の楽しさを失い、ぎこちなくなるんですね。

つまり遊び心がなくなっちゃいけない。でも、これは当たり前ですよね。人間にとっての最高の遊びは、ものを考えることなんですから。

丸谷才一著『思考のレッスン』（文春文庫）より

ぼくはこの考え方が大好きで、「ひとがものを考える時は、楽しく遊び心がなくちゃいけない」と勝手に自分の思いも入れて、理解しているのです。

その遊び心をたとえるなら、第1話で触れた映画史上、大ヒットした作品〝パイレーツ・

オブ・カリビアン〟です。そのプロデューサーのジェリー・ブラッカイマーは、間違いなくチャールズ・ジョンソン著『イギリス海賊史―上』、『イギリス海賊史―下』を読破し、想像力豊かに、あの大ヒット作を生み出したはずです。

たとえば、主演のジョニー・デップの衣装もそうですが、映画のストーリーの至る所に、その著書の息づかいが聞こえてきます。

映画のストーリーは、その著書をもとにプロデューサーの想像力を駆使し、見るひとを惹きつける、楽しませる遊び心があったから大ヒットとなり、連作が続いたのだと思います。

そんな遊び心を楽しむ話にお付き合いください。

まずは、想像の世界で好きな「ヒゲ男」の紹介です。


夏目漱石の小説『三四郎』で、大学へ入るため熊本から東京に汽車で向かう三四郎は、車内でちょっと変わったヒゲの男に出会うのです。その気難しそうなヒゲの男と三四郎のやりとりです。(時代背景は明治38年頃、じつはそのヒゲ男は哲学者)

〈三四郎は〉

中略――

「しかしこれからは日本もだんだん発展するでしょう」と弁護した。すると、かの男は、すましたもので、

「亡びるね」と云った。――熊本でこんなことを口に出せば、すぐ擲《な》ぐられる。わるくすると国賊取扱いにされる。――中略。男は例のごとくにやにや笑っている。その癖言葉つきはどこまでも落ちついている。どうも見当がつかないから、相手になるのをやめて黙ってしまった。すると男が、こう云った。

「熊本より東京は広い。東京より日本は広い。日本より……」でちょっと切ったが、三四郎の顔を見ると耳を傾けている。

「日本より頭の中の方が広いでしょう」と云った。

そう、人間の頭の中の想像の世界は広いのです。哲学者ともなると、きっと想像力を働かせる素材、言葉や遊び心を多くもっているはず。どこでも旅をすることができるのです。この話のように想像の世界で楽しむことは、新しい発想を自分の中から掘り起こし、オリジナルなものを生みだすきっかけにもなるはずです。

だれにも立場というものがありますが、その立場から、どれほど離れることができるかが、独創的なものを生みだす源泉となるような気もします。

それでは、最後に想像の世界に大いに遊び心をいれて、下座の立場ではなく、代表取締役社長として上座の立場で考えてください。

独創的な世界に思いを馳せながらどうぞ。

ときは18世紀、その世界は「海賊の時代」！

世界制覇を目論む海賊船の船長が、あなたの立場です。

今、日本の三つの港から日本を代表する海賊船が、それぞれ出航しようとしています。目的は、かつて大英帝国が七つの海を制したように、その七つの海、大西洋、地中海、インド洋、太平洋、北極海、メキシコ湾を制して、目的地であるカリブ海に到達することです。そう、パイレーツ・オブ・カリビアンです！

その出航する三艘の海賊船とは、

東北の仙台港から『楽天丸』、

東京湾からは、『ＮＴＴ東日本丸』、
博多港からは、もちろん『ソフトバンク丸』です。

あなたがもし、その三艘の海賊船の船長として乗り込むなら、どの船に乗り込みますか。

当然ながら、操舵手などの役員人事は自ら行い、航海理念を船員に謳い、掟を定めて出航となります。

どう廻ろうと海路は自由ですが、但し、生き残るのは、一艘のみ。船は帆船です。

もちろん、ぼくの乗る船は、もう決まっていますが、もし、あなたが世界制覇を目指す海賊船の船長なら、さてどの船に乗り込みますか。


立場を変えて物事を考えて見るのも大事なことです。海賊船の船長としての職責は、かつての大英帝国のように七つの海を制覇し、世界制覇を目指したように、育てた信頼できる仲間と共にカリブ海に到着し生き残ることです。

どの船が生き残るのか。それは一世紀後、いや、きっと半世紀後の歴史が証明するような気がしますが、いかがでしょうか。

Arctic Ocean
Greenland
North America
Asia
Europe
Pacific Ocean
Pacific Ocean
North Atlantic Ocean
Africa
South America
Indian Ocean
Australia
South Atlantic Ocean
N
W
E
S

略歴

石塚　正宏
1955　北海道生まれ　札幌市在住

〔東京〕　東京拓殖大学　商学部貿易学科卒業
〔オランダ〕　ロッテルダム市在住　ステーキレストランで約３年勤務
～サービス業等を学ぶ
〔札幌〕　北海道振興㈱に約18年間在籍
～ホテル業務／秘書業務／テナントビルの営業等を学ぶ
上記企業は、民事再生法を適用し事実上倒産
〔札幌〕　シダコーポレーション（現　シダックス㈱）に約２年在籍
～営業を学ぶ
〔札幌〕　㈱敬愛観光に約２年在籍
～アミューズメント業界で総務・人事等を学ぶ
〔札幌〕　NTT 北海道テレマート㈱（現 ㈱ NTT ネクシア）に約15年間在籍
～電気通信業等を学ぶ　60歳で退職
〔札幌〕　観光業界に契約社員として在籍

社会人として学んでほしい
これが、取締役の「下座学」

2024年10月26日　初版第１刷発行

著　者　石塚正宏
発行者　林下英二
発行所　中西出版株式会社
〒007-0823 札幌市東区東雁来3条1丁目1-34
TEL 011-785-0737
印　刷　中西印刷株式会社
製　本　石田製本株式会社
落丁・乱丁本はお取り替えいたします。